Le Ciel en sa faueur forma tant de grands hommes

LES
HOMMES
ILLUSTRES
QUI ONT PARU EN FRANCE
pendant ce Siecle :

Avec leurs Portraits au naturel.

Par MR PERRAULT, de l'Academie Françoise.

A PARIS,
Chez ANTOINE DEZALLIER, ruë Saint Jacques, à la Couronne d'or.

M. DC. XCVII.
AVEC PRIVILEGE DU ROY.

PREFACE.

TOUS les Siecles ont donné de grands Hommes, mais tous les siecles n'en ont pas esté également prodigues. Il semble que la Nature prenne plaisir de temps en temps à montrer sa puissance dans la richesse des talens qu'elle répand sur ceux qu'elle aime, & qu'ensuite elle s'arreste comme épuisée par la grandeur & par le nombre de ses profusions.

Quoyque ces momens de largesse ne soient pas reglez, on a remarqué néanmoins que cette humeur bienfaisante luy prend ordinairement lorsque le Ciel a resolu de donner à la Terre quelque grand Prince qui en doit faire l'ornement; car comme si elle se croyoit obligée de parer l'entrée de ce Heros dans le monde, elle fait naître avant luy, ou avec luy, une foule d'Hommes d'un merite extraordinaire pour le recevoir, & pour estre ou les instrumens de ses grandes Actions, ou les Ouvriers de sa magnificence, ou les Trompettes de sa gloire. Cette conduite a paru manifestement dans les siecles d'Alexandre & d'Auguste, qui n'ont pas esté moins admirables par le merite & par le nombre des grands Personnages qu'ils ont produits, que par les vertus extraordinaires de ces deux grands Monarques.

Comme le siecle où nous vivons, riche des biens de tous les siecles precedens qu'il a recueillis par droit de succession, & riche encore de son propre fonds, a vû toutes les Sciences & tous les Arts s'élever en quelque sorte à leur derniere perfection; il n'est pas étonnant qu'il ait esté si fecond en grands Hommes, s'agissant d'ailleurs de le rendre digne du regne de LOUIS LE GRAND pour qui le Ciel les a formez, & de mettre quelque proportion entre les Sujets & le Prince; aussi quoy qu'on ait entrepris d'étendre ce Recueil d'Hommes illustres jusques à cent, on a eu plus de peine à ne pas exceder ce nombre, qu'on n'en a eu à le remplir.

PREFACE.

Jusques icy les Recueils d'éloges d'Hommes illustres n'ont guere esté que d'une seule espece d'hommes, pris dans une longue suite de siecles. Paul Jove n'a presque fait l'éloge que des hommes de guerre; Sainte-Marthe que des hommes de Lettres; & le Vasari n'a écrit que les Vies des Peintres & des Sculpteurs les plus celebres de quelque païs qu'ils fussent. On a pris plaisir à rassembler icy des hommes extraordinaires dans toutes sortes de professions, & à se renfermer dans le seul siecle où nous sommes. On a crû que cette diversité de caracteres auroit son agrément; d'ailleurs comme l'intention principale de ce Recueil est de faire honneur à nostre siecle, on a crû ne devoir pas oublier ceux qui ont excellé dans les beaux Arts, & dont les Ouvrages n'ont pas moins élevé la France au dessus des autres Etats, que les prodiges de valeur de nos grands Capitaines, que la sagesse consommée de nos grands Politiques, & que les admirables découvertes que nos gens de Lettres ont faites dans toutes les Sciences.

On ne peut pas dire que ce mélange d'hommes si differens de profession, fasse un assortiment desagreable, puis qu'ils ont esté choisis comme les premiers de leur espece, & que tout ce qui est premier de cette sorte fait toûjours plaisir à connoistre. On pourroit mesme avancer que ceux qui se sont ainsi distinguez par la seule force de leur genie, sont plus visiblement l'ouvrage du Ciel que la pluspart des autres hommes, comme Charles Quint le témoigna aux Grands d'Espagne qui murmuroient, de luy avoir vû ramasser le pinceau du Titien. Je puis, leur dit-il, faire en un moment une vingtaine d'hommes tous plus grands que vous, mais il n'y a que Dieu seul qui puisse faire un homme tel que le Titien.

On n'a suivi dans le choix de ces grands Hommes que la voix publique qui les a nommez, sans que l'interest ou la flatterie, l'esperance ou la crainte y ayent eu la moindre part.

On n'y a point mis d'hommes vivans, & il n'est pas mal aisé d'en deviner la raison. On n'a point voulu aussi y mettre d'Etrangers, n'ayant eu en vûë que l'honneur de la France, & on a crû à propos de n'y recevoir que ceux qui sont morts depuis le commencement de ce siecle.

Si on ne donne presentement que la moitié de ce Recueil, c'est qu'il reste encore à graver plusieurs Portraits de ces Hommes Illustres, & qu'on a cru qu'il valloit mieux en user de la sorte pour satisfaire à l'impatience du Public, que de tarder plus long-temps à luy en faire part. Ceux qui auront quelque chagrin de ne pas trouver dans ce premier volume les grands Personnages qu'ils reverent particulierement, doivent s'attendre à les trouver dans le Second. On les prie cependant d'estre persuadez qu'il n'y a pas plus d'avantage à estre mis dans l'un que dans l'autre, & que la facilité qu'on a euë à recouvrer les Portraits de ceux qui sont dans celuy-cy est la principale cause de ce qu'ils marchent les premiers.

La simplicité du stile de ces éloges pourra n'agréer pas à ceux qui ne veulent voir dans ces sortes d'Ouvrages que des loüanges ingenieusement tournées & énoncées d'une maniere majestueuse. Cependant quand j'aurois esté capable de les faire sur ce modele, peut-estre ne l'aurois-je pas fait, persuadé que par cette voye on ne va pas si bien à la fin qu'on doit se proposer dans ce genre d'escrire, qu'en suivant celle que j'ay choisie. Car s'il est vray qu'on doit avoir pour but de faire bien connoistre le veritable caractere de celuy dont on parle, il n'est pas moins vray que rien n'est plus propre pour y parvenir que le simple recit de ses actions, où l'homme se peint mieux luy-mesme que ne sçauroit faire le meilleur Orateur avec les plus belles couleurs de l'Eloquence. J'ay crû mesme qu'un stile fort soustenu pourroit à la longue fatiguer le Lecteur, & qu'une simple narration de faits historiques estant plus instructive, seroit aussi plus agreable. Je n'ay pas ignoré que si j'avois pû mettre du sublime dans ces éloges, je n'en eusse reçu plus d'honneur, mais je n'ay pensé qu'à en faire à ceux dont j'ay parlé. On sçait que la pluspart des Oraisons funebres où brille la plus haute éloquence, sont plus l'affaire du Predicateur que du Défunt, & que si la réputation de celuy qui parle en reçoit souvent un accroissement considerable, celle du Mort demeure presque toujours au mesme estat qu'elle estoit avant la Ceremonie. Je n'ay donc point regardé mon interest, si ce n'est peut-estre qu'ayant arboré si hautement en plusieurs rencontres, que nostre siecle l'emportoit sur tous les autres, ce que je rapporteray des actions & des talens des Hommes illustres qu'il a produits, pourra servir à convaincre ceux qui veulent douter encore de cette verité.

En exprimant le caractere de ceux dont on parle, on n'a rien dit des traits ni de l'air de leur visage, parce qu'on auroit cru faire tort aux Portraits qu'on a mis à la teste de leurs éloges; Portraits qui partent de la main de trop bons Peintres & de trop excellens Graveurs, pour croire que le discours y pust rien ajouster, ni donner une plus parfaite idée de ceux qu'ils representent.

On auroit souhaité avoir pû placer ces éloges & ces Portraits suivant l'ordre des temps pour autoriser le rang que l'on leur donne, mais il s'y est trouvé des difficultez insurmontables. Comme il est presque impossible de n'oublier pas dans ce premier Volume quelques Hommes illustres qui auroient dû y paroistre suivant l'ordre Chronologique, on n'a pas voulu s'oster le pouvoir de les mettre dans le second Volume, ce que l'on n'auroit pu faire sans violer la regle que l'on se seroit imposée. D'ailleurs cet ordre auroit causé un mélange bizarre en confondant les estats & les qualitez, & en plaçant quelquefois un simple Artisan entre un Cardinal & un grand Prince. On n'a donc pensé qu'à démesler un peu les conditions. On a mis au pemier rang ceux qui ont paru avec éclat dans l'estat Ecclesiastique; au second ceux qui se sont acquis le plus de gloire dans la profession des armes; au troisiéme les Ministres d'Estat, & les grands Magistrats; au quatriéme les Hommes de Lettres distinguez, Philosophes, Historiens, Orateurs & Poëtes; & au cinquiéme enfin ceux qui ont le plus excellé dans les beaux Arts. Pour ce qui est du rang que chacun d'eux tient dans la classe où il est, on ne doit y faire aucune attention, on les a mis à peu prés comme ils se sont presentez, & l'on n'a point pretendu donner la primauté au premier plus qu'à celuy qui se trouve à la derniere place. C'est un droit qu'on n'a eu garde de s'attribuer, & qu'on abandonne entierement au Lecteur, qui tout éclairé qu'il pourra estre, aura souvent de la peine à se déterminer, parce que ces Hommes illustres se surpassent presque tous les uns les autres par le different merite de leurs talens.

On pourra trouver étrange que les éloges des Hommes de la plus haute élevation n'ayent pas plus d'étenduë que ceux des Artisans, & que les uns & les autres soient renfermez dans l'espace de deux pages, mais on doit considerer qu'il a falu se donner des bornes pour ne pas s'engager dans un travail qui auroit esté immense, si on avoit voulu faire toute l'histoire de leur vie, & d'ailleurs qu'en fait d'Illustres, la qualité n'y fait plus rien dés qu'ils sont morts.

Cet Ouvrage est dû principalement à l'amour qu'une personne * d'un merite singulier a pour la memoire de tous les grands Hommes. Cet illustre Curieux ne s'est pas contenté d'avoir orné sa Bibliothéque de leurs Portraits, il a voulu pour leur faire plus d'honneur & pour la satisfaction du Public les mettre dans les mains de tout le monde, en les faisant graver par les plus excellens Graveurs que nous ayons. Sa passion ne s'en est pas tenuë là, il a souhaité que ces Portraits fussent accompagnez d'Eloges historiques, qui en joignant l'image de leur esprit à celle de leur visage, les fissent connoistre tout entiers. Ce dessein m'a paru si loüable que j'ay ambitionné d'y avoir part, & comme il va à establir la these que j'ay toujours soustenüe, que nous avions le bonheur d'estre nez dans le plus beau de tous les siecles, je me suis offert avec plaisir de composer les Eloges qu'on souhaitoit. S'il n'avoit esté question que de celebrer la memoire des grands Hommes dans les Armes ou dans les Lettres, j'aurois cru ne devoir pas me charger d'un travail, dont beaucoup de gens se seroient mieux acquittez que moy; mais comme il s'agit aussi de par-

* M. Begon, Intendant de Justice & de Marine.

ler de ceux qui ont excellé dans tous les beaux Arts, peu connus de la plusſpart de ceux qu'on appelle communément Sçavans, j'ay cru que par là je ſerois excuſable de m'eſtre engagé dans une telle entrepriſe, connoiſſant un peu mieux ces matieres que beaucoup d'excellens Orateurs qui ſont ſouvent de grandes incongruitez quand ils en parlent, & preſque toujours à proportion de leur éloquence, & de leur grande habileté en autre choſe.

Si la premiere penſée de cet Ouvrage m'a donné du plaiſir, j'avoüe que pendant ſon execution j'ay preſque toujours tremblé. J'ay veu que ce qui ne paſſeroit que pour une ſimple negligence dans un autre Livre, ſeroit une faute capitale dans celui-cy, où la moindre erreur dans un fait, l'obmiſſion d'une circonſtance un peu conſiderable, & meſme un nom propre mal écrit eſt capable d'attirer des reproches tres-bien fondez. Je n'ay donc garde de me promettre cette approbation univerſelle que perſonne n'a jamais encore obtenuë, je m'attens au contraire à eſtre blâmé de tous coſtez. Ceux qui prennent intereſt aux Hommes illuſtres dont j'ay fait l'éloge, trouveront qu'ils ne ſont point loüez ſuffiſamment, ni ſelon l'idée qu'ils en ont conçuë; & ceux qui ne trouveront pas dans ce Volume les grands Perſonnages qu'ils aiment & qu'ils reverent, ne verront qu'avec indignation une partie de ceux qui y ſont, quelque promeſſe qu'on faſſe de leur donner ſatisfaction dans le Volume qui doit ſuivre. A l'égard du Public, comme les loüanges ne ſont pas ce qu'il aime le plus, & qu'il s'en faut beaucoup que celles que je donne, ſoient de ce tour fin & delicat qui pourroit les luy faire agréer, je ſuis diſpoſé à recevoir comme une grace, le moindre bon accueil qu'il voudra bien faire à ce qui eſt de moy dans cet Ouvrage.

EXTRAIT DU PRIVILEGE DU ROY.

PAR Grace & Privilege du Roy, donné à Paris le douziéme jour de Février 1696. Signé, Par le Roy en son Conseil, DUGONO. Il est permis à nôtre Amé CHARLES PERRAULT de l'Academie Françoise de faire imprimer un Livre intitulé *les Hommes Illustres qui ont paru en France pendant ce siecle, avec leurs Portraits au naturel*; & ce pendant le temps & espace de quinze années, à commencer du jour qu'il sera achevé d'imprimer pour la premiere fois: Et deffenses sont faites à toutes sortes de personnes de quelque qualité & condition qu'elles soient d'imprimer, vendre & debiter ledit Livre sans le consentement dudit Exposant, à peine de trois mille livres d'amende, de confiscation des Exemplaires contrefaits, & de tous dépens, dommages & interests, comme il est plus au long porté par ledit Privilege.

Et ledit sieur PERRAULT a cedé son droit du present Privilege à Antoine Dezallier Libraire à Paris, pour en joüir suivant l'accord fait entr'eux.

Registré sur le Livre de la Communauté des Libraires & Imprimeurs de Paris, le 16. Février 1696.

Signé, P. AUBOUIN, *Syndic.*

Achevé d'imprimer pour la premiere fois, le 28. Septembre 1696.

Jac. Lubin sculp.
Armand Jean du Plessis
Cardinal Duc de Richelieu

ARMAND JEAN DU PLESSIS
CARDINAL DUC DE RICHELIEU.

RMAND JEAN DU PLESSIS fils de FRANÇOIS DU PLESSIS Seigneur de Richelieu, Chevalier des Ordres du Roy & Grand Prevoſt de l'Hoſtel, & de Suſanne de la Porte, nâquit au Chaſteau de Richelieu le 5ᵉ Septembre 1585. Il fit paroiſtre tant de vivacité d'eſprit & de ſolidité de jugement dans ſes eſtudes, qu'on commença à préſager ſa future grandeur. Il ſembloit qu'il en euſt luy-meſme un preſſentiment, car on luy entendit dire pluſieurs fois à ceux de ſon âge qui vouloient l'emmener joüer avec eux, qu'il eſtoit deſtiné à des emplois qui ne luy permettoient pas de perdre ſon temps. Il fut ſi ſoigneux de l'employer utilement, qu'à vingt-deux ans il fut ſacré Eveſque de Luçon, ſon merite, ſon ſçavoir & ſa reputation ſuppléant au défaut de l'âge. La ceremonie de ſon Sacre ſe fit à Rome par le Cardinal de Givri au milieu des applaudiſſemens de tout le ſacré College & de toute la Ville.

De retour en France il s'appliqua à la Predication, où il excella de telle ſorte que la Reine voulut l'avoir pour ſon Grand Aumônier. Son habileté au maniement des affaires qu'il fit paroître en pluſieurs rencontres importantes luy fit donner par SA MAJESTÉ une Charge de Secretaire d'Eſtat, & comme ſes talens extraordinaires ne permettoient pas qu'il demeuraſt dans quelque poſte ſans une particuliere diſtinction, le Roy luy donna la préſeance ſur les trois autres. La mort du Marquis d'Ancre ayant apporté un grand changement dans les affaires, il ſe retira à Avignon pour joüir du repos qu'il ne pouvoit trouver à la Cour dans cette conjoncture. Là il s'occupa à compoſer divers Livres de Controverſe ſi convainquans, qu'ils n'ont pas eſté moins funeſtes à l'Hereſie, que ſes conſeils, tous ſoûtenus qu'ils ont eſté par les Armes victorieuſes de ſon Maiſtre. Il fit en meſme temps d'excellens Livres de pieté pour l'édification de l'Egliſe, & qui ne laiſſent rien à deſirer pour parvenir au plus haut point de la perfection Chrêtienne. Il fut fait Cardinal le cinquiéme Septembre 1622., quelque temps aprés le Roy le declara ſon premier Miniſtre, & enſuite grand Maiſtre de la Navigation, en ſupprimant la Charge d'Amiral.

Se voyant à la teſte des affaires, il ſe propoſa deux choſes principalement, d'abattre les Heretiques, & d'abaiſſer la grandeur de la Maiſon d'Auſtriche. Pour y parvenir, il porta le Roy à entreprendre le Siege de la Rochelle, ce qui eſtoit attaquer l'Hereſie dans ſon fort, & par l'endroit où elle ſe croyoit inſurmontable. Cette place eſtoit deffenduë par la Mer, par une forte Garniſon, & par ſes Habitans à qui le zele de leur religion donnoit des forces & du courage qui ſembloient invincibles. L'Angleterre luy fourniſſoit de continuels ſecours d'hommes & de vivres; & il paroiſſoit y avoir beaucoup de temerité dans le ſiege de cette Place; cependant le Cardinal de Richelieu, que la grandeur & la difficulté des entrepriſes encourageoient, trouva le moyen de la remettre ſous le pouvoir de ſon Prince legitime. On peut dire en quelque ſorte qu'il dompta la Mer, en luy oppoſant une digue qui la mit hors d'eſtat de fournir aucun ſecours aux Assiegez: Entreprise qui par sa hardiesse pourroit paroistre fabuleuse, si les évenemens du regne où nous vivons ne rendoient tout croyable. Cette Ville s'estant renduë, les Huguenots furent contraints d'accepter les conditions qu'il plut au Roy de leur prescrire ; & cette malheureuse Heresie, qui depuis soixante-dix ans causoit des maux infinis à la France, en auroit esté dés lors extirpée entierement, si le Ciel n'eust pas reservé ce miracle à la sagesse de LOUIS LE GRAND.

Malgré ces grands services, l'Envie & l'Imposture s'éleverent si cruellement contre luy, que le Roy prit la resolution de luy oster la conduite de ses affaires. Mais le mesme jour il alla trouver Sa Majesté, & forçant en quelque sorte les avenuës qui luy avoient esté toutes fermées par ses ennemis, il sçut si-bien se justifier par son éloquence, & sur tout par cette force de genie qui ne trouva jamais rien qui luy resistast, qu'il rentra plus avant que jamais dans les bonnes graces & dans la confiance de son Maistre. On a remarqué que tous ceux qui avoient conspiré sa perte, souffrirent dans la suite les mesmes peines ausquelles ils l'avoient condamné. Pour moderer la puissance de la Maison d'Austriche, il sçut engager le grand Gustave Roy de Suede dans les interests de la France, & par là il mit l'Empire à deux doigts de sa perte. Il fit ensuite soulever la Catalogne & le Portugal, ce qui occupa toutes les forces de l'Espagne, & la forçant à ne songer qu'à sa propre conservation, luy osta de l'esprit les vastes pensées de la Monarchie universelle. Il est vray que la fortune ne favorisa pas tous ses grands desseins, la mort du Roy de Suede, & la perte de la bataille de Nortlingue ayant relevé le courage & les forces des Ennemis jusqu'à venir assieger Corbie, il eut beaucoup à souffrir de ses Envieux qui rejettoient sur luy tous ces mauvais succés; mais sa vertu ne parut jamais davantage que dans ces temps difficiles qui firent voir la fermeté de son courage. Il traversa Paris plusieurs fois seul & sans Gardes au milieu de la populace que ses ennemis animoient contre luy, & il parut alors plus grand aux yeux de ceux qui sçavent juger sainement des choses, que quand il revint aprés la prise de Suze & de Pignerol.

Son application continuelle aux affaires de l'Etat ne l'empescha pas de songer sans relasche à celles de l'Eglise. Il eut une extréme attention à luy donner d'excellens Ministres. On n'avoit point la reputation d'une pieté solide, & l'on ne preschoit point avec une éloquence vraiment Chrestienne, qu'on ne fust aussitost appellé à l'Episcopat. Il fit rebastir toute la Maison de Sorbonne dont il estoit Docteur & Proviseur, & y adjousta une Eglise qui est un chef-d'œuvre d'Architecture. Il y est enterré sous un tombeau de marbre blanc tres-magnifique, fait de la main de l'illustre Girardon. Il a esté l'Instituteur de l'Academie Françoise, & le premier de ses Protecteurs. Rien n'a jamais esté mieux pensé par un homme qui a fait de si grandes choses, que l'establissement d'une Compagnie dont l'occupation principale est de consacrer à l'Immortalité les vertus & les belles actions des grands hommes. Il mourut à Paris le 4. Decembre 1642. âgé de 57. ans & 3. mois. Il avoit un air affable & majestueux tout ensemble, des manieres honnestes & engageantes, l'esprit vif, le jugement solide, les idées grandes, un courage capable de tout entreprendre & à l'épreuve de toutes sortes de disgraces. S'il est vray que tout homme qui a un merite extraordinaire honore son païs quand mesme il n'en auroit jamais la pensée, quel honneur ce grand homme n'a-t'il point fait à la France, luy qui n'a point eu d'autre veuë que la gloire de son Prince, & celle de sa patrie ?

Le Cardinal de Berulle

PIERRE DE BERULLE CARDINAL.

PIERRE DE BERULLE nâquit le 4. Février 1575. Son pere Claude de Berulle d'une illustre Famille en Champagne & Conseiller au Parlement fut un Juge d'une probité singuliere, & sa mere Loüise Seguier issuë d'une Maison qui a donné un nombre considerable de grands Magistrats au Royaume & de grands Prelats à l'Eglise fut d'une pieté & d'une vertu sans exemple. Elle se fit Carmelite dés les premieres années de son veuvage, & ayant vêcu jusques à l'âge de 78. ans dans les austeritez de la Religion, elle mourut entre les bras de son fils qui luy administra tous ses Sacremens. Il n'est pas étonnant que de deux Familles aussi vertueuses, il soit né un fils aussi parfait & aussi saint que celuy dont nous parlons. A 18. ans il composa un Traité de l'abnegation interieure, d'une trés-grande élevation, & qui ne se ressentoit point de la foiblesse de son âge. Ses premieres pensées furent d'estre Religieux; mais Dieu avoit sur luy d'autres desseins. Une de ses plus grandes occupations estoit de convertir les Heretiques, à quoy il avoit un talent singulier. Un jour qu'il disputoit contre un President du Parlement de Pau, Mr. Du Val celebre Docteur & Professeur en Theologie l'entendant parler, dit qu'il estoit son maistre en cette matiere, & quelques jours aprés il convertit le jeune Comte de Laval en presence du sçavant Tilenus son Precepteur & son Ministre. Personne n'a eu plus d'éloignement pour les dignitez & pour les honneurs. Quelque habile qu'il fût en Theologie, jamais il ne voulut faire d'actions publiques ni prendre de degrez. Il refusa d'estre Evesque par trois fois differentes; la premiere fois ce fut le Roy luy-mesme qui l'en pressa fortement, & qui sur le refus qu'il en fit, dit qu'il le luy feroit commander par un plus grand que luy, entendant parler du Pape, sur quoy il eut la sainte hardiesse de repondre, que si SA MAJESTE' l'en pressoit davantage, il sortiroit du Royaume. Il réfusa ensuite l'Evesché de Laon que M. Seguier son oncle luy vouloit donner, & depuis celuy de Nantes que luy offrit M. de Cussé premier President du Parlement de Bretagne. Il ne voulut pas mesme de l'Abbaye de saint Estienne de Caën que Mr. d'O son parent le prioit d'accepter. Il n'alloit jamais à la Cour qu'il n'y fût mandé, jusques-là que le Roy se plaignit plusieurs fois de ne le point voir.

La place de Precepteur de Monseigneur le Dauphin luy ayant esté offerte, il ne voulut jamais l'accepter, quoique le Pere Coton alors Confesseur du Roy l'en pressast par toute sorte de raisons & mesme du costé de la conscience, en luy representant qu'il y alloit de l'interest de l'Eglise & de l'Estat, & que le bien qu'il pouvoit faire à un ordre dont il avoit la conduite (il entendoit parler des Carmelites qu'il dirigeoit) n'estoit pas considerable en comparaison de celuy qu'il feroit à tout un Royaume, en formant à la pieté celuy qui devoit un jour le gouverner. Dieu le reservoit pour reparer la pieté dans le mesme Royaume par d'autres voyes, & particulierement par l'establissement de la Congregation des Peres de l'Oratoire qu'il entreprit dans ce temps-là. Il estoit en peine quel chef il donneroit à une si sainte Assemblée, & ne se jugeant pas digne d'un tel employ, il s'adressa à saint François de Sales son intime ami qui s'en excusa sur ce qu'il estoit designé Evesque de Geneve, & parce qu'il jugeoit que personne n'en estoit plus digne ni plus capable que M^r. de Berulle. Il falut que Monsieur de Rets son Evesque & depuis Cardinal, luy commandast absolument d'establir cette Congregation & d'en estre le Chef. Elle ne fut d'abord composée que de cinq Prestres & de M^r. de Berulle qui faisoit le sixiéme. Ils se logerent au fauxbourg saint Jacques dans une maison de loüage nommée le Petit Bourbon située à l'endroit où est presentement le Val-de-Grace, comme si le lieu qui avoit esté habité par des hommes d'une pieté si extraordinaire ne pouvoit plus estre la demeure que d'une sainte Communauté.

Du Fauxbourg S. Jacques ils passerent à l'Hostel du Bouchage ; & là il fit bastir, ou pour mieux dire, il bastit luy-mesme une Chapelle, car il y travailla de ses propres mains, & mesme porta la hotte comme un Manœuvre, tant il avoit de zele pour la maison du Seigneur, & d'humilité tout ensemble. Mais cette Chapelle devenant tous les jours plus petite par le nombre de Prestres qui se joignoient à luy, & par le concours du peuple que la devotion y attiroit, il resolut de bastir une Eglise d'une juste étenduë. Il y trouva tant de difficultez, qu'il fallut que le Roy l'ordonnast de son autorité absoluë, declarant que cette Eglise devoit estre regardée comme la Chapelle du Palais du Louvre. Il estoit déja Directeur & comme Fondateur des Carmelites qu'il avoit esté chercher en Espagne, & qu'il avoit amenées à Paris pour y établir ce saint Ordre de Religieuses, & le veritable esprit de leur Institution, ce qu'il ne fit pas sans y trouver aussi de grandes difficultez qu'il sçut vaincre par sa pieté & par sa perseverance. Le mariage d'Henriette Marie de France avec le Roy d'Angleterre ayant esté resolu, le Roy obligea Monsieur de Berulle d'aller à Rome en demander la dispense au Pape à cause de la difference de Religion. Il se conduisit de telle sorte dans cette ambassade, & gagna tellement l'estime de sa sainteté, qu'Elle dit un jour ces paroles : *Le Pere de Berulle n'est pas un homme, c'est un Ange.* Elle le chargea de toutes les affaires qu'elle avoit en France, avec ordre à ses Nonces de suivre ses avis en toutes choses, & pour luy donner encore de plus grandes marques de son estime, Elle ordonna qu'en arrivant en France il y trouvast un chapeau de Cardinal. Mais parce que Monsieur de Berulle avoit fait vœu de ne recevoir aucune Dignité, le Pape luy envoya une Dispense de son vœu, & un ordre d'accepter le chapeau qu'il luy envoyoit. Il conduisit la Princesse Henriette Marie Fille de France, en Angleterre, où il se concilia l'amour & la veneration de tout le monde. Il ne fut pas moins honoré dans sa patrie, & l'on assure qu'une des choses qui determina le plus le Roy & son Conseil au siege de la Rochelle, fut la revelation que le Cardinal de Berulle eut que cette entreprise seroit heureuse, & que l'heure approchoit où la veritable Religion devoit y regner. Il mourut le 2. d'Octobre 1629. dans sa cinquante-cinquiéme année, mais d'une maniere la plus belle & la plus souhaitable pour un saint Prestre, ce fut en celebrant la Messe, & sur le point de la consecration en prononçant ces paroles : *Hanc igitur oblationem.* De sorte que n'ayant pû achever le Sacrifice comme Prestre, il l'acheva comme victime ; ce qu'on a exprimé par ce distique.

Cœpta sub extremis nequeo dum sacra Sacerdos
Perficere, at saltem victima perficiam.

Ce fut dans l'Eglise des Peres de l'Oratoire de la ruë S. Honoré qu'il expira, & qu'il fut inhumé.

Jac. Lubin sculp.
Henry de Sponde
Evesque de Pamiers

HENRY DE SPONDE
EVESQUE DE PAMIERS.

HENRY DE SPONDE naquit à Mauléon en Bearn le 6. Janvier 1568. & eut l'honneur d'avoir pour Parrain Henry de Bourbon, qui fut depuis Henry le Grand.

Son pere estoit Secretaire de Jeanne d'Albret Reine de Navarre, & faisoit profession de la Religion Pretenduë Reformée, ainsi que la plus part des Bearnois de ce temps-là. Dés que le jeune Sponde eut achevé ses études & sa Philosophie, qu'il fit en Grec, il quitta la France pour voyager. Il alla en Angleterre à la suite de Guillaume Sallufte du Bartas si celebre par son Poeme de la Creation du monde, & alors Ambassadeur du Roy de Navarre, où en peu de temps il apprit la langue du Pays, & eut de familieres conferences avec le Roy Jacques. Il salua aussi à Londres la Reine Elizabet, Reine d'un merite extraordinaire & fort au dessus de son sexe, laquelle témoigna faire beaucoup d'estime de son esprit.

Au retour de ses voyages il s'appliqua à l'estude du Droit Civil & du Droit Canon, dont il lut presque tous les Livres. Il alla à Tours, où le Parlement de Paris avoit esté transferé, & où son sçavoir & son éloquence dans le Barreau porterent le Roy Henry quatre à le faire Maistre des Requestes. Au milieu des affaires qui l'occupoient il trouva du temps pour lire les Livres de controverses que faisoient alors le Cardinal Bellarmin, & le Cardinal du Perron. Ces Livres l'éclaircirent tellement sur les erreurs où le malheur des temps l'avoit engagé avec toute sa famille, que peu de temps aprés il abjura son heresie. Il alla ensuite à Rome avec le Cardinal de Sourdis, où aprés quelques années de sejour il prit l'ordre de Prestrise. Il lia une étroite amitié avec le Cardinal Baronius, & fit de son consentement l'Epitome des douze premiers Tomes de ses Annales. Estant revenu en France, le Cardinal Baronius luy écrivit qu'il estoit tres content de son travail; quoique les Auteurs n'aiment pas ordinairement qu'on fasse des abregez de leurs Ouvrages, parce qu'il est arrivé tres-souvent que ces abregez ont fait perir les Livres dont ils renferment la substance. Cet Epitome fut achevé d'imprimer en 1612. & dedié à l'Eglise Gallicane, qui l'approuva, & marqua l'estime qu'elle en faisoit par plusieurs gratifications considerables dont elle honora son Auteur. Il s'en est fait plusieurs Editions, & il a esté traduit en plusieurs langues. Il avoit une particuliere connoissance des affaires de la Cour de Rome, & le Pape Paul V. qui l'aimoit beaucoup, le preposa à la revision des expeditions du Tribunal de la Penitencerie. Il estoit fort consideré du Roy de France, de tous les Ambassadeurs & de tous ceux du Consistoire; de sorte que dans le temps qu'il avoit renoncé entierement à revenir à Paris, & qu'il s'estoit établi à Rome, il fut nommé, sans qu'il y pensast, par le Roy Louis XIII. à l'Evesché de Pamiers au commencement de l'année 1626. Comme il faisoit difficulté de se charger d'un si grand fardeau, le Pape l'y obligea d'autorité. Il avoit alors 59. ans, & il fut sacré à Rome par le Cardinal de Marquemont Archevesque de Lyon, assisté d'Attilius Amaltheus Evesque d'Athenes, & d'Antoine Provana

Archevesque de Dyrrachium en presence de vingt-quatre Cardinaux, dans l'Eglise de S. Louis, le Dimanche 17. de Septembre.

Il vint à Paris, où le Roy le receut avec des marques d'estime tres-singulieres. Ee de là il se rendit à Pamiers, où il fit son entrée le 23. May 1627. Il pacifia les differends qui estoient parmi les Religieux de l'Ordre de Saint François appellez de l'Observance de la Province d'Aquitaine, ayant esté delegué par le Pape pour cette affaire. Le Duc de Rohan chef des Heretiques entra dans Pamiers par trahison. L'Evesque se sauva par un trou fait au mur. L'année suivante le Prince de Condé ayant repris la Ville, & les Heretiques en ayant esté chassez, excepté ceux qui se convertirent, le Pape Urbain VIII. luy en écrivit des lettres de conjoüissance, qui marquoient une estime extraordinaire de son merite. Il faisoit frequemmment des visites dans son Diocese, où il restablit la discipline, & ramena à la foy plus de treize cens Heretiques. Il establit des Conferences dans son Palais Episcopal, qu'il fit construire avec bien de la dépense. Ensuite estant fort âgé, & ayant fait son neveu son Coadjuteur, il revint à Paris pour se donner tout entier à l'édition de ses Annales. Ce que le Pape approuva avec de grands éloges. Le premier Tome de ses Annales comprend ce qui s'est passé depuis la creation du monde jusqu'à la venuë de Jesus-Christ, & peut estre consideré comme un abregé de celles de Torniel. Le second & le troisiéme tome qui contiennent depuis la naissance de Jesus-Christ jusqu'au Pontificat d'Innocent III. sont un abregé de Baronius. Et les trois volumes qui suivent sont tous de luy & vont jusqu'en l'année 1640. Ouvrage qui n'a point de pareil pour son étenduë, laquelle n'est pas moindre que celle de tous les siecles. Il mourut à Toulouse le 18. May 1643. & fut enterré dans l'Eglise de S. Estienne. Il laissa sa Bibliotheque aux Minimes de Toulouse.

Pierre de Marca
Archevéque de Paris.

PIERRE DE MARCA
ARCHEVESQUE DE PARIS.

PIERRE DE MARCA Archevesque de Paris naquit dans la Ville de Gant proche de celle de Pau capitale de Bearn, de parens nobles & qui font remonter leur genealogie jusqu'au onziéme siecle ; où un Garcias de Marca, Capitaine de Cavalerie, rendit de grands services à Gaston Prince de Bearn. Il commença à y avoir des gens de Robe dans cette famille en l'année 1444. Et celuy dont nous parlons naquit en l'année 1594. Comme les Huguenots estoient alors les maistres dans le Bearn, & que les Curés n'y faisoient presque aucune fonction, son pere pour avoir la consolation de voir baptiser son fils dans le sein de l'Eglise Catholique, le fit porter au Monastere de S. Pé de Generês du Diocese de Tarbe, où il reçut le Bapteme des mains d'un Religieux de cette maison, qui par un esprit prophetique dit ces paroles aprés l'avoir baptisé. *Tu es Petrus, & super hanc Petram ædificabo Ecclesiam meam.* La suite a justifié l'heureuse application de ces paroles. Car dés qu'il eut fait ses estudes tant d'Humanité & de Philosophie que de Droit Civil & Canon, sa principale occupation fut de disputer contre les Huguenots & de les convertir : ce qu'il continua lors mesme qu'il fut marié, & que ses affaires domestiques sembloient devoir le détourner de cet employ. Il épousa fort jeune encore Marguerite de Fargues, issuë de la maison des anciens Vicomtes de Lavedan en Bigorre, qu'il perdit aprés quelques années de mariage. En ce temps là le Roy ayant entrepris de restablir les Ecclesiastiques dans la possession de tous leurs biens, dont les Huguenots s'estoient emparez, & cette affaire ayant trouvé de grandes difficultez, le jeune Marca aydé de son pere y seconda si heureusement les intentions de Sa Majesté, qu'elle se termina par la restitution entiere de tous les biens des Catholiques. Le Roy érigea alors le Conseil souverain de Bearn en Parlement, & luy en donna gratuitement une charge de President au Mortier, qu'il exerça avec toute la capacité & toute l'integrité qu'on pouvoit attendre d'un homme de son merite. Le Roy ayant perdu en l'année 1639. un procés dans son Conseil d'Estat, & croyant l'avoir perdu injustement, il s'en plaignit au Chancelier Seguier en presence du Cardinal de Richelieu, & luy ordonna de choisir deux hommes de sçavoir & de pieté pour les mettre dans son Conseil. En ce temps-là Monsieur de Marca estoit à Paris pour les affaires du Parlement de Pau, & s'étoit fait connoistre à Monsieur le Chancelier, qui le crût en quelque sorte envoyé du Ciel pour remplir une des places de Conseiller d'Estat qu'il avoit à donner. Ce fut en ce temps-là qu'il publia l'Histoire de Bearn & du Païs adjacent, Livre tres curieux & plein d'excellentes recherches, qu'il dedia à Monsieur le Chancelier, en reconnoissance des obligations qu'il luy avoit. Il parût peu de temps aprés un Livre intitulé *Optatus Gallus de cavendo Schismate*, qui avertissoit les Evesques d'un schisme prest à éclorre, en insinuant que le Cardinal de Richelieu vouloit porter le Roy à establir un Patriarche en France, & l'on ajoustoit que le Cardinal devoit estre ce Patriarche.

Ce fut contre ce Livre que Monsieur de Marca composa celuy *De concordia Sacerdotii & imperii*. Il s'agissoit de concilier les deux puissances qui partagent le monde, jalouses naturellement l'une de l'autre, & d'en marquer précisément les justes bornes. Le parti que prit Monsieur de Marca fut, non pas d'interposer son jugement sur une affaire de cette consequence, mais de rapporter historiquement tout ce qui s'estoit passé dans les démeslez que ces deux Puissances avoient eu, tout ce qui avoit esté resolu dans la suitte des temps sur leurs prérogatives, mais avec tant d'ordre & tant de netteté, qu'il en resulte sur chaque chef de contestation, des resolutions aussi claires que s'il s'estoit declaré luy-mesme dans les termes du monde les plus décisifs. On trouva qu'il avoit rendu au Pape tous les honneurs & toutes les prérogatives qui lui sont deuës: en sorte qu'on n'auroit pû en exiger davantage du plus passionné, mais raisonnable, de tous les Italiens; & qu'en mesme temps il avoit conservé les libertez de l'Eglise Gallicane, & tout ce qui est dû à l'autorité & à la Majesté de nos Rois, autant que le pouvoit faire le cœur le plus François & le plus affectionné à sa patrie. Les graces dont il fut comblé dans la suite, & de la part de Rome & de la part du Roy, seront des témoignages eternels de la satisfaction unanime de ces deux Puissances. La premiere marque fut l'Evesché de Couserans, auquel le Roy le nomma, & dont Sa Sainteté le pourvût avec des marques d'estime tres-singulieres, malgré la resistance qu'y apportoit l'Ambassadeur de Philippes IV. Roy d'Espagne, qui apprehendoit que le caractere d'Evesque n'augmentât dans l'esprit des Catalans l'autorité qu'il s'estoit acquise sur eux par sa douceur & par son équité. Cette Province s'estant soustraite à l'obeïssance du Roy d'Espagne, il y fut envoyé en qualité de Visiteur General, avec ordre de prendre connoissance des affaires de la Justice, de la Police & des Finances. Il sçût si bien les manier durant sept années, par son affabilité envers les parties, & sa severité plus apparente que veritable envers le public, qu'il acheva de rendre cette Province entierement affectionnée à la France. Il fut fait Archevesque de Toulouse, & reçut le *Pallium*. Tout le Diocese en témoigna une joye extraordinaire, & qui ne peut estre comparée qu'à la douleur qu'il ressentit quand il fut appellé à l'Archevesché de Paris. Tant de vertus & tant de grandes qualitez n'empescherent pas qu'on ne fist contre luy des libelles diffamatoires, qui furent condamnez à Rome, & brûlez publiquement à Paris; surquoy il dit agreablement qu'on voyoit en cela une suite de la concorde du Sacerdoce & de l'Empire. Le Roy le fit Ministre d'Estat pour le retenir à Paris & dans son Conseil. Ensuite il fut admis au Conseil de conscience avec Monsieur Hardoüin de Perefixe alors Evesque de Rhodez & le Pere Annat. Il fut enfin nommé Archevesque de Paris; & estant malade peu de temps aprés de la maladie dont il mourut, il eut la consolation de recevoir avant sa mort une Lettre du Pape Alexandre septiéme, par laquelle il approuve, avec de grands éloges, la nomination du Roy. Il mourut à Paris le 29. Juin 1662. âgé de 69. ans, & fut en cette qualité enterré dans le chœur de Nostre-Dame.

Jac. Lubin sculp.
Jean Pierre Camus
Euesque de Belley.

JEAN PIERRE CAMUS EVESQUE DE BELLEY.

EAN PIERRE CAMUS, fut nommé à l'Evêché de Belley par Henry IV. en l'année 1609. & fut sacré le 30. Decembre de la même année par Saint François de Sales. Ce fut un veritable Evêque de quelque côté qu'on le regarde, soit pour sa science, particulierement dans les matieres Ecclesiastiques, soit pour son zele à instruire & à convertir les ames, donnant tout le temps que la conduite de son Diocese luy pouvoit laisser, ou à composer des livres pour l'édification des Fideles, ou à prescher avec une ardeur & une charité qui attiroit & touchoit tout le monde. Son zele s'alluma particulierement contre la faineantise & la morale relâchée de quelques Moines de son temps; & il ne cessa de déclamer contre eux, & de vive voix, & par des livres presque sans nombre. Le Cardinal de Richelieu pressé & persecuté par ces Moines, d'obliger ce bon Evêque à ne plus prescher ny écrire contre eux, tira parole de luy, qu'à l'avenir il les laisseroit en repos, & luy dit ces paroles: Je ne trouve aucun autre deffaut en vous, que cet horrible acharnement contre les Moines, & sans cela je vous canoniserois. Monsieur de Belley que sa grande pieté n'empêchoit pas d'être fort agreable dans ses reparties, luy répondit: Plût à Dieu, Monseigneur, que cela pût arriver, nous aurions l'un & l'autre ce que nous souhaitons, vous seriez Pape, & je serois Saint.

Il écrivoit avec une facilité incroyable, & le nombre des Livres qu'il a composez est étonnant. Son style quoyque peu châtié, plaisoit dans ce temps-là, & on aimoit la hardiesse de ses métaphores quoy qu'un peu entassées les unes sur les autres, à cause de l'abondance agréable des images qu'elles forment, & du grand nombre de choses qu'on y apprend tout à la fois.

Dans ce temps les Romans vinrent fort à la mode, ce qui commença par celuy de l'Astrée, dont la beauté fit les délices & la folie de toute la France, & même des Païs étrangers les plus éloignez. L'Evêque de Belley ayant consideré que cette lecture étoit fort contraire à l'esprit du Christianisme, & que remplissant l'esprit des sentimens de l'amour profane, elle étoit un obstacle au progrés de l'amour de Dieu dans les ames: mais ayant consideré en mesme temps qu'il estoit comme impossible de détourner les jeunes gens d'un amusement si agreable & si conforme aux inclinations de leur âge, il chercha les moyens de faire diversion, en composant des histoires où il y eût de l'amour, & qui par là se fissent lire; mais qui élevassent insensiblement le cœur à Dieu par les sentimens de pieté qu'il y inseroit adroitement, & par les catastrophes chrestiennes de toutes leurs avantures: car toûjours l'un ou l'autre des Amans, ou tous les deux ensemble, ayant consideré le néant des choses du monde, la malice des hommes, le peril que l'on court sans cesse de son salut, en marchant dans les voyes du siecle, prenoient la resolution de se donner entierement à Dieu, en renonçant à toutes choses, & en embrassant la vie Religieuse. Ce fut un heureux artifice que son ardente charité qui le rendoit tout à tous, luy fit inventer & mettre heureusement en œuvre; car ses livres passerent dans les mains de tout le monde, & comme ils estoient pleins non seulement d'incidens fort agreables, mais de bonnes maximes tres utiles pour la conduite de la vie, ils firent un fruit tres considerable, & furent comme une espece de contrepoison à la lecture des Romans.

Il nous reste plusieurs lettres qu'il écrivit à Saint François de Sales, & plusieurs que ce mesme Saint luy écrivit, où l'on voit de part & d'autre des marques d'une pieté digne des premiers siecles de l'Eglise. En l'année 1620. il établit dans la Ville de Belley un Couvent de Capucins, & en l'année 1622. il y en établit un de Filles de la Visitation, instituées par saint François de Sales. Il se démit de son Evêché en l'année 1629. en faveur de Jean de Passelaigue qui luy succeda & se contenta de l'Abbaye d'Aunay en Normandie, de l'Ordre de Cisteaux, où il se retira pour travailler plus fortement à sa propre sanctification. Mais l'Archevêque de Roüen François de Harlay, ne put le voir inutile à l'Eglise, & connoissant ses talens l'associa à ses soins Episcopaux, en le faisant son grand Vicaire. Il s'acquitta de tous ses devoirs, avec une vigilance vrayement pastorale, & qui ne se dementoit point de celle avec laquelle il avoit conduit ses propres oüailles; mais comme l'élevation & les plus grandes dignitez n'avoient jamais eu de charmes pour luy, & qu'il avoit toûjours aimé la pauvreté dans laquelle J. C. a vêcu & qu'il a honorée de tant d'éloges, il vint établir sa demeure dans l'hôpital des pauvres Incurables du faux-bourg saint Germain à Paris, pour y mourir avec eux. Ce bonheur, car c'est ainsi qu'on doit parler de la mort d'un aussi saint Evesque, luy arriva le 26. Avril 1652. en la soixante & dixiéme année de son âge, & il souhaita d'estre enterré dans le même lieu. Ce fut un des plus dignes Evêques que la France ait jamais eus, & dont le zele à inspirer le veritable amour de Dieu, n'a gueres eu de semblable. Un peu avant sa mort il fut nommé par le Roy à l'Evesché d'Arras.

Jac. Lubin sculp.
Antoine Godeau
Evesque de Vence de l'Academie Françoise

ANTOINE GODEAU
EVESQUE DE VENCE.

NTOINE GODEAU, issu d'une des meilleures familles de Dreux, donna des marques de la beauté de son esprit, dés les premieres années de sa vie. Son genie le porta d'abord à cultiver la Poësie Françoise, où il se fit admirer par les beautez originales & naturelles dont ses ouvrages estoient remplis. On luy doit en quelque façon la naissance de l'Academie Françoise, dont il a été un des plus dignes membres, non seulement parce qu'il estoit un de ceux qui s'assemblerent les premiers chez Monsieur Conrart, pour y conferer de leurs études, & pour y lire les pieces de leur composition; mais parce que la beauté de ses poësies, qui plûrent extremement au Cardinal de Richelieu, contribua beaucoup à faire prendre à ce grand Ministre la resolution de faire l'établissement de cette Compagnie.

Il composa entre autres choses une paraphrase du Cantique *Benedicite omnia opera Domini Domino*, où toutes les creatures sont invitées à loüer le Seigneur. Cét ouvrage est si singulier par la beauté majestueuse des descriptions ou plûtôt des definitions de tous les estres de la Nature, qu'on ne le peut lire sans estre saisi d'admiration, sur tant de nobles & d'heureuses expressions. L'attention que ce poëme attira sur le merite de l'Auteur, fit remarquer en luy un grand nombre d'autres bonnes qualitez, dont chacune ne le cedoit en rien à sa poësie, pour le degré d'excellence où il les possedoit. Son éloquence qui acheva de se montrer dans la chaire, & sa pieté solide qui éclatoit dans toutes ses actions, porterent le même Cardinal de Richelieu à le proposer au Roy pour l'Evêché de Grasse, en quoy ce grand Ministre suivit la pente naturelle qu'il avoit à recompenser le merite, & sur tout à donner à l'Eglise des Ministres dignes de leur ministere. En l'année 1636. il fut nommé à cet Evesché, & fut sacré à saint Magloire au mois de Decembre de la même année par les Evesques de Chartres, de Dardanie & de S. Papoul. Dés qu'il fut dans son Evesché, il y prescha avec une éloquence toute Chrestienne, qui le fit admirer & aimer de tout son peuple, & il y tint plusieurs Synodes où il rétablit la discipline qui s'estoit relâchée en plusieurs endroits de son Diocese. Il réunit à l'Evesché de Grasse, en vertu du droit de patronage la Ville d'Antibes, qui depuis que le siege Episcopal de Vence avoit esté transferé à Grasse, n'avoit esté d'aucun Diocese, & par ce moyen il y fit revivre la discipline Ecclesiastique dont il n'y restoit plus aucun vestige. Le Pape Innocent X. luy avoit accordé des Bulles pour réunir en sa faveur les Evêchez de Vence & de Grasse, ainsi que Clement VIII. l'avoit fait à la priere de son predecesseur. Cependant ayant vû que le Clergé & le peuple de Vence n'y consentoient pas de bon cœur, il aima mieux, quoique les deux Eveschez ne valussent pas dix mille livres de revenu, qu'ils n'eussent pas ensemble trente Paroisses, & que la ville de Vence & celle de Grasse ne fussent éloignées l'une de l'autre que de trois lieuës au plus; raisons tres fortes pour autoriser la réunion: Il aima mieux dis-je, ceder l'interest qu'il y avoit, & se contenter de l'Evêché de Vence, que de n'estre pas agreable à quelques-uns de ses Diocesains, & sur tout d'avoir à poursuivre un procez, chose non moins opposée à son naturel & à sa pieté, qu'aux fonctions paisibles du saint Episcopat.

Toute sa vie se passa, ou à visiter son Diocese, ou à prêcher, ou à lire, ou à écrire ; & quand on voudra examiner tant de diverses occupations, on aura de la peine à comprendre où il a pris du temps pour satisfaire à toutes.

Ses principaux ouvrages sont une histoire Ecclesiastique en trois volumes, dont le style, soit pour l'élegance, soit pour la netteté a peu d'égaux, & en rend la lecture aussi agreable qu'elle est utile. Des paraphrases des Epîtres de saint Paul, où avec peu de paroles qu'il y ajoûte, pour servir de liaisons & de transitions, il en fait voir nettement toute l'œconomie qui dans le texte échappe souvent aux plus habiles & aux plus attentifs, & enfin ses Eglogues Chrestiennes, qui presque toutes sur le modele & dans l'esprit du Cantique des Cantiques, remplissent le cœur d'une sainte joye, & y allument les flammes du divin amour. Cependant malgré la grande reputation qu'ont eu ces Eglogues, ses Paraphrases de tous les Pseaumes de David, & plusieurs Poëmes Chrêtiens qu'il a composez, il s'est trouvé un homme assez temeraire pour soutenir que Monsieur Godeau n'avoit aucun naturel pour la poësie, & pour faire imprimer un libelle avec ce titre *Godellus utrum Poëta* ? Il n'est pas croyable combien le Public, & particulierement ceux qui avoient du goust pour la Poësie furent scandalisez de ce libelle, qui n'eut point d'autre effet que de causer beaucoup d'indignation, & de faire voir qu'il n'y a rien de si évident ny de si bien estabIi dans l'opinion des hommes dont quelqu'un ne puisse soûtenir le contraire. Il fut attaqué d'Apoplexie le jour de Pasques 17. Avril 1672. & mourût à Vence le 21. du mesme mois, agé de 67. ans.

Jac. Lubin Sculp.
Jean Francois Senault
General de L'Oratoire

JEAN FRANÇOIS SENAULT GENERAL DE L'ORATOIRE.

UAND LE PERE SENAULT commença à prescher, on remarquoit trois défauts bien considerables dans la plûpart des Predications de ce temps-là. Nulle methode dans le discours, un grand étalage de la Science profane, ensorte que Senéque y étoit cité plus souvent que Saint Paul, Ciceron que Saint Augustin, & les Poëtes Latins plus que tous les Prophetes; & enfin de la plaisanterie qu'on y croyoit necessaire pour attirer la bien-veillance & l'attention des Auditeurs.

Le Pere Senault purgea la Chaire de ces trois desordres, & substitua en leur place la methode, la pure Doctrine de l'Evangile expliquée par les Peres, & la gravité que demande l'auguste ministere de la Predication. C'est le témoignage que tout le monde luy en a rendu, & particulierement le Pere de Lingendes, quoique son concurrent alors dans la gloire de l'éloquence de la Chaire.

Son pere Pierre Senault Secretaire du Roy, & Commis au Greffe Civil du Parlement de Paris, eut le malheur d'estre du parti de la Ligue, & d'avoir été le plus fameux des seize Chefs qu'elle avoit à Paris; mais son fils n'herita point de ses sentimens, & fut, comme la Reine Anne d'Austriche luy a dit plusieurs fois, autant attaché à la bonne cause & au bon parti, que son pere s'en étoit éloigné. Il commença ses études dans l'Université de Doüay, & vint les achever dans celle de Paris. Il s'y rendit si habile, que le Cardinal de Berulle qui travailloit alors à établir la Congregation de l'Oratoire, charmé de sa modestie & sur tout de sa pieté, le choisit pour estre un des premiers sujets de sa Congregation. Il fut employé d'abord à enseigner les Humanitez, & ensuite la Rhetorique dans les Colleges les plus celebres de cette Compagnie. Le talent qu'il avoit pour l'Eloquence ayant paru dans ces exercices, ses Superieurs l'engagerent à se donner tout entier à la Predication, où il s'est rendu un des premiers hommes de son siecle. Il travailla douze ou quinze ans, de son propre aveu, à se former le stile, & à polir son langage sans néanmoins discontinuer l'étude de la Theologie, de l'Ecriture & des Saints Peres, où il se fit un fonds inépuisable de doctrine qui a fourni à quarante Caresmes qu'il a prêchez, la plûpart à Paris dans les plus grandes Chaires, à la Cour & dans l'Eglise de l'Oratoire de S. Honoré où les Reines venoient ordinairement l'entendre, & où il y avoit un tres-grand concours d'Auditeurs.

Il avoit en Chaire l'air modeste, humble & majestueux tout-ensemble, la voix nette & sonore, le geste noble & reglé, & une clarté dans le discours, qui malgré la force de ses expressions & la sublimité de ses pensées le rendoit aussi intelligible aux esprits les moins éclairez qu'aux genies les plus vifs; les plus vastes & les plus transcendans, & c'est dans cette partie qu'il a excellé davantage, quoy qu'admirable en toutes les autres. Sa vertu ne l'a pas rendu moins recommandable que son éloquence. Il n'y a point eu de desordre ni de vice, quelque part qu'il ait esté placé, qu'il n'ait attaqué avec toute la force & toute la vehemence d'un veritable Predicateur de l'Evangile. Cette liberté chrétienne venoit de son parfait desinteressement. Le Cardinal Mazarin luy ayant dit qu'il étoit fasché qu'on eût tardé si longtemps à rendre justice à son merite, & qu'il n'avoit qu'à luy declarer ce qu'il souhaitoit, & qu'il le demanderoit au Roy avec plaisir; il le remercia de sa bonté, & le pria de ne point importuner le Roy pour un homme qui étoit content, & qui dans son état s'estimoit plus heureux que son Eminence. La Reine Mere luy ayant envoyé le Brevet d'un Evesché, avec asseurance de luy donner le meilleur de la Province, s'il venoit à vaquer, il le luy renvoya, ayant mieux aimé demeurer simple Prestre, que de se voir élevé aux dignitez les plus éclatantes; en quoy il avoit raison non seulement pour la seureté de sa conscience, mais pour continuer à rendre plus de service à l'Eglise, en prêchant de tous costez, qu'il n'auroit fait en se renfermant dans l'étenduë d'un seul Diocese.

Dans ce dessein d'estre utile à tout le monde, il s'appliqua, lors qu'il fut élû Superieur de S. Magloire, à former de jeunes Ecclesiastiques à la Predication; il leur donnoit des Regles & leur fournissoit des matieres dans des Conferences publiques où il les exerçoit aprés leur en avoir donné l'exemple. C'est de son école que sont sortis les Peres le Boux, Mascaron & Soanen, depuis Evêques de Perigueux, d'Agen & de Senés, & tant d'autres Predicateurs celebres qui remplissent encore aujourd'huy les plus grandes Chaires, les Peres Hubert, de la Roche, de la Tour, & plusieurs autres. Il a voulu aussi se rendre utile aux siecles à venir par plusieurs excellens Ouvrages qu'il a laissez, *La Paraphrase de Job*, qui en conservant toute la majesté & la grandeur de son Original, en a éclairci toutes les obscuritez; *Le Traité de l'usage des Passions* qui a esté traduit en toutes sortes de langues; un Livre de l'*Homme Criminel*, un autre de l'*Homme Chrétien*, un autre du *Monarque*, & un grand nombre de *Panegyriques de Saints*, tous Ouvrages également pleins de pieté & d'eloquence. Il n'étoit pas né seulement pour instruire, mais pour conduire aussi, ce qui parut lors qu'il fut élû General de son Ordre, dont il fut toûjours honoré comme le Superieur, & cheri comme le Pere. Il soûtenoit luy seul tout le poids des affaires, & répondoit de sa propre main à toutes les lettres qu'il recevoit, qui montoient à plus de trois cens par semaine, persuadé que c'est donner une grande confiance aux inferieurs, que de leur faire entendre qu'il n'y a que leur Superieur qui ait connoissance des choses qu'ils luy mandent. Il avoit tant d'honnesteté pour tous les Peres de sa Congregation que jamais il n'en a chargé aucun de quelque employ que ce fust qu'il ne l'eust fait pressentir auparavant s'il l'auroit agreable. Il mourut le troisiéme jour d'Aoust 1670. âgé de 71. ans, d'une apoplexie, qui l'attaqua subitement, & l'enleva en quatre jours. Il rendit particulierement graces à Dieu de ce qu'il mouroit sans avoir jamais possedé aucune Charge ni aucun bien de l'Eglise, ayant, disoit-il, toûjours redouté les dignitez & les commoditez des grands Benefices, comme ce qu'il y a de plus dangereux dans le monde. Il est enterré au milieu de l'Eglise de l'Oratoire de S. Honoré, où son Oraison funebre fut prononcée par l'Evêque d'Aire, qui avoit esté son Disciple en Eloquence, connu sous le nom de l'Abbé de Fromentieres avant qu'il fût Evêque, en presence de plusieurs autres Prelats, & d'une affluence incroyable d'Auditeurs.

Louis Thomassin
Prestre de L'Oratoire

LOUIS THOMASSIN

PRESTRE DE L'ORATOIRE.

TOUTE la vie du Pere Thomassin a esté si uniforme, qu'il semble d'abord que son éloge se puisse faire en peu de mots ; car ayant esté mis en pension dés son bas âge chez les Peres de l'Oratoire où il est mort ; il ne s'y est occupé à autre chose qu'à la Priere & à l'Etude : mais l'abondance incroyable des connoissances qu'il s'est acquises par l'Estude est si grande, que si j'entreprenois d'en faire le détail, comme il seroit en quelque sorte necessaire pour donner une juste idée de cet excellent homme, j'excederois de beaucoup les bornes que je me suis prescrites dans ces éloges.

Dés qu'il se fut rendu familieres les premieres sciences que l'on enseigne, les Humanitez, l'Eloquence & la Philosophie, il s'appliqua à les enseigner aux autres, en quoy il ne réüssit pas seulement à faire d'excellens Ecoliers, mais à se perfectionner luy-même dans ces sciences : son esprit vif & profond ne pouvant traitter une matiere qu'il n'y fit quelques nouvelles découvertes. Mais comme son inclination & sa pieté le portoient uniquement à l'étude de la Theologie, il s'y donna bien-tôt tout entier, particulierement à celle qu'on nomme positive, & qui a pour son principal objet l'Ecriture, les Peres & les Conciles. Lorsque le Pere Petau eut publié son Livre *des Dogmes*, il se fortifia dans le dessein, non pas d'aller sur les brisées de ce sçavant homme qui en a fait l'histoire avec toute l'exactitude & toute la connoissance de l'antiquité que demande une si belle & si vaste entreprise, mais d'entrer par ses reflexions dans la connoissance des mysteres renfermez dans ces mêmes dogmes. Le premier a eu la gloire d'avoir traité cette matiere importante en excellent Historien ; & le second, d'avoir penetré heureusement dans ce que les Mysteres ont de plus caché & de plus sublime ; sur tout à l'égard de l'Incarnation où l'on ne peut voir sans estre éblouï, les rapports, les convenances, les desseins, les vûës, & les autres merveilles qu'il y découvre. Vers l'année 1654. il enseigna la Theologie au Seminaire de S. Magloire, & y commença des Conferences sur les Peres, sur l'Histoire & sur les Conciles qu'il continua jusqu'en l'année 1668. A cette occupation succeda quelque loisir, mais un loisir toûjours laborieux & jamais vuide, car il fut engagé par de grands Prelats, qui avoient beaucoup d'estime pour son merite, & par les Superieurs de l'Oratoire à donner au Public les Ouvrages qu'il avoit composez. Ses Memoires sur la Grace, & les Dissertations sur les Conciles avoient déja paru ; ils furent suivis des dogmes Theologiques dont nous avons parlé, des mêmes Memoires sur la Grace, mais beaucoup augmentez, des Livres de la Discipline, & de divers Traitez sur le Jeûne, sur les Festes, sur l'Office divin, sur l'Unité de l'Eglise, sur la Verité & sur le Mensonge, sur l'Aumône & le bon usage des biens temporels. On remarque dans tous ces Ouvrages un assemblage heureux & étonnant de l'érudition sacrée & de l'érudition profane ; & quand le sujet le permet, on voit l'Auteur remonter avec une force & une penetration incroyable dans tout ce que la Philosophie des Platoniciens a eu de plus sublime.

Peu satisfait des remarques qu'il avoit faites autrefois sur les Auteurs profanes, il les relut de nouveau, & donna ensuite la methode de lire & d'étudier chrétiennement les Philosophes, les Historiens & les Poëtes. Il a démeslé admirablement bien ce que la superstition & l'erreur ont répandu dans leurs Ouvrages, d'avec les sentimens de Religion & les veritez que la lumiere naturelle, la tradition de tous les Peuples, la communication des Ecritures, & la conversation des Hebreux leur avoit fournis. La sagesse, la moderation & la pieté solide qui regnent dans tous ces Ouvrages, les ont fait admirer de toutes les nations de l'Europe : & les Nonces ont donné plusieurs fois des marques de l'estime qu'on en faisoit à Rome par les visites dont ils ont honoré leur Auteur. Le Pape Innocent XI. témoigna vouloir se servir de son Livre de la Discipline pour le gouvernement de l'Eglise, & tâcha de l'attirer à Rome : mais sur la proposition qui en fut faite au Roy de la part du Cardinal Cibo, la réponse fut qu'un tel Sujet ne devoit pas sortir du Royaume. Cette réponse donna au Pere Thomassin une des plus grandes joyes qu'il ait euës dans sa vie, & asseurément si le Pape l'eût fait Cardinal, comme on asseure qu'il a témoigné plusieurs fois en avoir le dessein, il eut beaucoup souffert, car la vie privée & retirée faisoit toutes ses délices ; cependant pour marquer sa gratitude au S. Pere, il traduisit en latin les trois Tomes de la Discipline, comme on le souhaitoit dans tous les pays étrangers.

Ensuite de cette Traduction, il reprit l'étude de la Langue Hebraïque, où il a donné plusieurs années ; persuadé que cette Langue est la mere de toutes les autres. Il composa, pour le faire voir, un Glossaire universel, où il les fait toutes sortir de l'Hebreu, comme de leur commune source. On acheve d'imprimer ce Glossaire au Louvre, & c'est le dernier de ses Ouvrages. Peu de temps aprés ses forces diminuerent sensiblement, & il se vit obligé de renoncer à toute sorte d'étude un peu pénible. Il fit à Dieu un sacrifice de cet état qui édifia encore plus le Seminaire de S. Magloire où il étoit, que tous ses travaux & toutes ses veilles. Son épuisement alla toûjours en augmentant pendant prés de trois années, jusqu'à ce que, les forces & la parole luy ayant manqué, il cessa de vivre le 24. jour de Decembre 1695. Le Curé de saint Jacques du Haut-pas proche de saint Magloire fit son éloge au Prosne le lendemain jour de Noël, où il declara ce qu'il avoit esté obligé jusques-là de tenir caché, que le Pere Thomassin luy avoit donné tous les ans pour les Pauvres, la moitié de la pension de mille livres qu'il recevoit du Clergé. Quoy qu'il fust naturellement propre, il aimoit la pauvreté dans ses habits, dans ses meubles, & dans tout ce qui regardoit sa personne, & il auroit voulu n'estre jamais témoin des distinctions que les dignitez de quelques-uns de ses Parens leur donnoient dans le monde : car il estoit d'une Famille remarquable, soit dans l'épée, soit dans la robe ; on compte jusqu'à vingt Presidens ou Conseillers de ce nom dans le Parlement d'Aix.

Sa vie fut toûjours extrêmement reglée. Qui le voyoit un jour, pouvoit sçavoir de quelle sorte il passoit tous les autres. Aprés l'Oraison & la Messe il employoit quatre heures à l'étude le matin, & trois heures l'aprésdinée. Il faisoit ses prieres toûjours aux mêmes heures, & nulle visite, sans un pressant besoin, ne dérangeoit ses exercices.

L'innocence de sa vie ne luy laissoit voir que le bien dans tout ce qu'il regardoit, dans les Livres, dans les Auteurs, dans les Personnes, dans les Communautez, & dans les Ordres. Sa conversation étoit douce, agreable, instruisante. Penetré de la Religion qu'il aimoit souverainement, il la trouvoit, & la faisoit trouver par tout. Les pensées les plus chrétiennes naissoient naturellement dans ses entretiens ainsi que sous la plume. Ce qu'il y a de plus profane dans les Auteurs prenoit un sens édifiant en passant ou par sa bouche, ou par ses mains. Tout marquoit qu'il portoit Jesus-Christ dans le cœur, & qu'il ne cherchoit que la gloire de son Eglise. Ce tour d'esprit si élevé & si chrétien, joint à une profondeur de science presque sans limites, faisoit le caractere particulier de cet excellent homme.

Antoine Arnauld
Docteur de Sorbonne

Jacques Sirmond

JACQUES SIRMOND
JESUITE.

JACQUES SIRMOND nâquit à Riom en Auvergne en l'année 1558. de parens considerables, qui ayant remarqué en luy dés son bas âge une vivacité d'esprit surprenante, prirent soin de le faire instruire par d'excellens Maistres. Il profita si bien de leurs enseignemens, que n'ayant que quinze ans il estoit luy-même capable d'instruire les autres : Car s'estant fait Jesuite à cet âge-là, il fut obligé par ses Superieurs dés qu'ils l'eurent reçû, d'enseigner les langues Grecque & Latine ; ce qu'il fit pendant quelques années avec un succez extraordinaire. Il eut l'honneur d'avoir pour disciples Charles de Valois Duc d'Angoulesme, fils naturel de Charles IX. & Saint François de Sales Evesque & Prince de Genéve. Il eut pour amis Pierre Pithou & Nicolas le Fevre Precepteur de Loüis XIII. qui ont rendu l'un & l'autre des témoignages authentiques de l'estime singuliere qu'ils faisoient de son merite. Estant allé à Rome à l'âge de trente-deux ans, le General de son Ordre Claude Aquaviva le fit son Secretaire, & l'aima tendrement à cause de son extréme diligence, & sur tout pour le don qu'il avoit de prendre parfaitement dans ses Lettres le sens & l'intention de son General.

Comme il avoit toûjours estimé qu'il n'y avoit que deux choses qu'un homme sage pût souhaiter, & qui fussent capables de le rendre heureux : la doctrine & la vertu, il ne s'attacha qu'à acquerir ou à augmenter ces deux tresors incomparables ; & parce que la connoissance de toutes les sciences est d'une étenduë qui surpasse celle de l'esprit humain, il crut devoir se retrancher à l'étude de l'Histoire Ecclesiastique comme la plus convenable à son état, & la plus utile à l'Eglise. Quelque progrez qu'il y fit, il ne fut point tenté dans tout le cours de sa jeunesse de faire imprimer aucun Ouvrage par respect pour le Public, à qui il croyoit qu'il ne falloit rien donner qui ne se sentît de la maturité de l'âge de son Auteur. Il commença par mettre au jour plusieurs Auteurs, qui fort obscurs & renfermez dans la poudre de quelques Bibliotheques, n'étoient d'aucune utilité. Il les éclaircit d'une infinité de Notes tres-sçavantes, & par là il les rendit plus utiles qu'ils ne l'avoient jamais esté. Son plus grand Ouvrage fut la Collection de tous les Conciles de l'Eglise Gallicane qu'il dedia au Roy. Le Cardinal de Richelieu touché de la même admiration que toute la Nation des Sçavans, n'oublia rien de ce qui pouvoit marquer l'estime qu'il faisoit d'un Ouvrage de cette consequence.

Il étoit d'une force singuliere dans les disputes ou de Controverse ou de Litterature, & il n'est presque jamais sorti que vainqueur de ces sortes de combats. Entre plusieurs qu'il soûtint glorieusement, il y en eut deux tres-celebres, & qui luy acquirent une tres-grande reputation. Le premier fut contre Jacques Godefroy un des plus sçavans hommes du siecle, qui armé de l'autorité de Rufin combattoit fortement la jurisdiction du Pape sur les Provinces qu'on appelle suburbicaires. Les argumens de cet Adversaire paroissoient invincibles, non seulement au commun des Sçavans, mais au Cardinal du Perron même reconnu pour le plus habile & le plus éclairé qu'il y eût alors dans les matieres Ecclesiastiques. Cependant le Pere Sirmond démesla le nœud de la question si nettement par trois Traitez qu'il donna l'un aprés l'autre, qu'il ramena tout le monde à son avis, qui est aujourd'huy celuy de tous les Sçavans sur cette difficulté. La seconde dispute qu'il eut, fut encore plus celebre, & d'une discussion plus difficile. Dans la premiere il avoit de son parti tous les Catholiques; dans la seconde il avoit affaire contre Petrus Aurelius Catholique, & de plus défenseur declaré du droit des Evêques, ce qui luy attiroit les suffrages de la plus grande partie du Clergé & des Ecoles de Theologie. Ce Petrus Aurelius étoit l'Abbé de S. Cyran, qui s'étoit caché sous ce nom, aprés estre convenu avec Jansenius Evesque d'Ypres, de partager entr'eux le nom de S. Augustin; l'un prenant Aurelius, & l'autre Augustinus, ainsi l'Abbé de S. Cyran mit le nom d'Aurelius à son Livre, & Jansenius mit au sien celuy d'Augustinus. Le Pere Sirmond étoit accusé de n'avoir pas esté fidéle dans l'édition des Conciles de l'Eglise Gallicane, non seulement en quelques endroits, mais dans toute la masse de l'Ouvrage: c'étoient les propres mots de son adversaire. Il satisfit de telle sorte à toutes les objections qui luy étoient faites, qu'il en reçut de tres-grands applaudissemens.

Quelque docte qu'il fût, la force & la solidité de son jugement surpassoient encore toutes les lumieres de sa science, personne n'a jamais eu plus de sagacité ni plus de justesse pour bien démesler une difficulté, & bien prendre son parti sur les endroits difficiles de la litterature. De là vient qu'il ne s'est presque jamais trompé dans ses Ouvrages, ou s'il a fait quelques fautes elles ont esté tres-legeres & presque imperceptibles: privilege particulier des esprits de ce caractere. Il n'avoit en veüe dans ses études que la recherche de la verité, & nulle attention sur la gloire qui pouvoit luy en revenir. On connut parfaitement son desinteressement universel pour toutes les choses du monde, par la maniere dont il se conduisoit à la Cour où il étoit obligé de faire de frequens sejours en qualité de Confesseur du Roy. On le connut encore quand le Pape ayant souhaité qu'il vint à Rome, & le Roy n'ayant pas voulu le luy permettre, pour conserver en France un homme de son merite, il apprit que le dessein que le Pape avoit sur luy étoit de le faire Cardinal; car il protesta sincerement à ses Amis, que si en arrivant à Rome on luy en eût appris la nouvelle, il seroit revenu sur ses pas en France dans le moment même. Il fut aimé de tous les hommes illustres de son temps, & particulierement du fameux Jerôme Bignon avec lequel il étoit lié d'une amitié tres-étroite. Il posseda tout ce qu'il avoit souhaité, un esprit sage, de la science & de la vertu, & de plus une longue vie avec un loisir accompagné de dignité. Il mourut en l'année 1651. âgé de quatre-vingt-treize ans.

Jac. Lubin Sculp.
Denis Petau Jesuite

DENYS PETAU
JESUITE.

DENYS PETAU naquit à Orleans en l'année 1583. & se fit Jesuite au College de Clermont à Paris en l'année 1605. à l'âge de vingt-deux ans. Depuis ce temps jusqu'au jour de sa mort qui arriva quarante-huit ans aprés, il n'a cessé de faire honneur à sa Compagnie par sa pieté, par sa doctrine & par ses Ouvrages. C'estoit non seulement un esprit universel qui s'estoit rendu familieres presque toutes les langues tant mortes que vivantes de même que toutes les sciences imaginables, & qui avoit sçû y joindre la connoissance des beaux Arts; mais ce qui estoit plus étonnant & beaucoup plus recommandable, c'est qu'il possedoit presque toutes ces choses à un haut degré de perfection. Il se trouve assez d'esprits qui ont de l'ouverture & de la facilité pour tout ce qu'ils entreprennent, mais ces sortes d'esprits universels n'atteignent presque jamais à la connoissance parfaite d'aucune des sciences où ils s'appliquent, & n'y sont tout au plus que les seconds.

Ce ne fut pas par la seule force de son génie que le Pere Petau se rendit si habile, ce fut encore par le bon ordre qu'il établit dans ses études, où il proceda en la maniere des sages Architectes qui commencent par jetter de solides fondemens, sur lesquels tout ce qu'ils construisent ensuite ne se dément jamais. Il se donna d'abord à l'étude de la Grammaire, & en traduisant sans cesse des Auteurs Grecs en Latin, & des Auteurs Latins en Grec, il s'acquit une parfaite & entiere connoissance de ces deux langues. De là il passa à l'étude de l'Eloquence & de la Poësie, dont on ne peut pas douter qu'il n'ait connu toutes les finesses, toutes les graces & toutes les beautez, pour peu qu'on ait lû ses Ouvrages. Il composa des Vers jusqu'aux derniers jours de sa vie, & à l'exemple de S. Gregoire de Nazianze, il se servit de la Poësie comme d'une recreation dans les travaux penibles de ses études. Il s'en servit aussi comme d'un interprete pour expliquer les sentimens que sa pieté luy suggeroit en toutes rencontres. Il n'y a point de genre de Poësie où il ne se soit exercé, & où il n'ait réüssi. Il a même composé des Tragedies, & non content de faire des Vers grecs & latins, il en a fait d'hebreux qui ont eu l'applaudissement de tous ceux qui pouvoient en juger. Monsieur Grotius tres-habile & tres-difficile à contenter sur ces matieres, luy donne là-dessus toutes les loüanges que peut arracher la force du merite.

Aprés s'estre enrichi de tous les ornemens du langage & du bien-dire, il s'adonna à la Philosophie pour s'affermir dans la solidité des sentimens & des pensées; aprés quoy il passa à l'Histoire, & en même temps à la Geographie & à la Chronologie qui en sont comme les deux yeux, & qui ne doivent jamais en être separées. Ce fut là qu'il fit des découvertes qui ont étonné son siecle, & qui étonneront toute la posterité; car il ne se contenta pas d'en puiser la connoissance dans les Ecrits de Strabon & de Ptolomée, & même dans toutes les Cartes des Modernes, infiniment plus correctes & plus instruisantes que tout ce qu'ont écrit les Anciens : mais il fit une étude profonde de l'Astronomie, sans laquelle il jugea qu'il ne pouvoit rien établir de bien certain dans la Chronologie. Peu de temps avant qu'il écrivît sur ces matieres, Joseph

Scaliger, qui étoit consideré non seulement comme le plus habile Chronologiste, mais comme le seul qu'il y eût au monde, avoit donné au Public son Livre de la Correction des temps, Ouvrage où il redresse la plûpart des erreurs qui s'étoient glissées dans cette science, & qui étoit regardé comme une regle à laquelle tout le monde devoit se conformer. Cela n'empécha pas le Pere Petau d'entreprendre le même travail, & de corriger par son Livre de la Doctrine des temps beaucoup de fautes qui se trouvent dans celuy de la Correction des temps de Scaliger, ce qu'il fit en gardant toutes les loix de l'honnesteté que les gens de Lettres se doivent les uns aux autres; en sorte que sans obscurcir la gloire de son Predecesseur, il s'en est acquis une tres-grande dans la même science. Aprés avoir ainsi amassé tous les tresors des connoissances humaines, il ne s'en servit pas pour la seule satisfaction de son esprit, ou pour une vaine ostentation, mais il les consacra entierement à la gloire de Dieu & à l'utilité de son Eglise par une resolution conforme à l'intention de la Societé, & aux exemples de S. Clement d'Alexandrie, de S. Basile & de S. Gregoire, qui aprés s'estre enrichis des dépoüilles des Gentils, se servoient contr'eux de leurs propres armes.

La Theologie fut comme le port où il termina tous ses voyages de litterature, & pour laquelle il employa tout ce qu'il avoit acquis par ses études. Il possedа également les deux parties de la Theologie, celle qui explique l'Ecriture sainte, & celle qui s'occupe à défendre la verité de la Doctrine. Il n'a fait imprimer aucun Commentaire sur les Livres saints, content de l'explication des Saints Peres, & ne voulant point ou redire ce qu'ils ont écrit ou disputer avec eux sur ces matieres. Mais pour ce qui regarde la Controverse, il n'est pas croyable combien il y a réüssi. Le grand nombre d'Ouvrages qu'il a faits & qui sont entre les mains de tous les Theologiens, en sont un témoignage tres-autentique. On ne sçait ce qu'on doit admirer davantage dans ce grand nombre de Livres qu'il a composez, ou l'abondance des citations, ou l'éloquence du discours, ou l'Art & la methode avec laquelle toutes choses y sont rangées, ou enfin son zele pour la verité. On ne comprend pas comment un seul homme a pû composer tant de volumes, particulierement si l'on considere qu'il n'a jamais eu personne sous luy pour écrire ou transcrire ses compositions. Il avoit une ardeur incroyable pour la conversion des heretiques, & il n'est rien qu'il n'ait tenté pour faire rentrer le celebre Monsieur Grotius dans le sein de l'Eglise, lors qu'il vint icy en Ambassade. On pretend même qu'il le convertit, & qu'il ne manqua à cette bonne œuvre que la ceremonie d'une publique abjuration. Il se signala extrémement dans la dispute qui s'éleva sur la matiere de la Grace; & pendant que ceux qu'il attaquoit ne daignoient pas répondre à beaucoup de gens d'un merite assez considerable, ils l'ont toûjours regardé comme le plus redoutable de leurs adversaires, & ont répondu à tous les Ouvrages qu'il a composez pour les combattre. Il mourut au College de Clermont le 11. Decembre de l'année 1652. âgé de soixante-neuf ans, laissant de luy une memoire qui ne mourra jamais. Le Catalogue de ses Livres compose presque un volume, de sorte qu'il n'est pas possible de les rapporter icy dans le peu d'espace qui reste.

IESVS
MARIA
Jean Morin
Pere de L'Oratoire

JEAN MORIN
PRESTRE DE L'ORATOIRE.

Celuy dont je vais parler merite tellement d'estre mis au nombre des plus sçavans hommes de son siecle, que s'il y a quelque chose à luy reprocher, c'est peut-estre d'avoir poussé trop loin la curiosité de ses estudes en voulant espuiser toute la vaine science des Rabbins, ainsi qu'il l'a luy-mesme reconnu. Il nâquit à Blois en l'année 1591. de Luc Morin marchand & de Jacquette Gaussand tous deux de la Religion pretenduë reformée. Il y commença ses estudes & les continua à la Rochelle où il acquit une parfaite connoissance des langues Grecque & Latine. Il passa de là à Leyden où il apprit la Philosophie, le Droit & les Mathematiques. aprés quoy il s'appliqua à l'étude de la Theologie & des langues Orientales.

Lors qu'il se fut rendu habile dans les sciences & dans les langues, il se donna tout entier à la lecture de l'Ecriture Sainte, des Peres & des Conciles. Le fruit principal qu'il retira de cette occupation, fut de commencer à reconnoître la fausseté de sa Religion, & de toutes les maximes que ses Maîtres de Theologie lui avoient enseignées; à quoi ne servirent pas peu les disputes qui survinrent alors entre les Partisans d'Arminius & ceux de Gomarus sur les matieres de la grace & de la predestination. Car ne trouvant rien qui le contentast dans les sentimens & des uns & des autres, il se mit à estudier à fond ceux des Docteurs Catholiques; de sorte que ce qui avoit esté l'écueil de plusieurs autres, le conduisit au port & à la connoissance de la verité. Estant arrivé à Paris, il entra dans l'estime & dans la familiarité de tous les Sçavans, & particulierement du Cardinal du Perron, qui fut surpris de trouver tant d'érudition & tant de connoissance des choses les plus rares dans un homme aussi peu avancé en âge qu'il l'estoit alors. Ce ne fut pas une mediocre joye à ce grand Personnage, lorsqu'il l'eut éclairci sur les points les plus difficiles de la Controverse; de le voir se rendre, avec le secours de la grace, à la force de ses raisons. Aprés avoir demeuré quelque temps dans la famille de ce Cardinal, il passa dans la Congregation de l'Oratoire que le Cardinal de Berulle venoit d'instituer en France, où il reçut tous les Ordres sacrez. On a remarqué que depuis qu'il eut reçu celui de Prêtrise, il ne passa aucun jour de sa vie sans celebrer la Messe, en reconnoissance de la grace que Dieu lui avoit faite de sortir des tenebres de l'heresie.

Il fit sa principale occupation de refuter ou de vive voix ou par écrit, les mesmes erreurs dont il avoit esté infecté dans sa jeunesse. Il s'appliqua encore beaucoup à convaincre les Juifs & à les tirer de leur aveuglement, se servant à cette fin particulierement de la Vulgate & des Septante qu'il fit réimprimer à Paris en l'année 1628. & qu'il soûtint contre ceux qui les voulurent attaquer, par un Ouvrage admirable qu'il donna au Public l'année suivante, sous le titre d'*Exercitationes Biblicæ*, Ouvrage qu'il retoucha pendant vingt années, & qui a été réimprimé aprés sa mort par les soins du Pere Fronton le Duc. Il composa estant encore fort jeune, l'Histoire de la délivrance de l'Eglise par Constantin, & celle du Progrés de la Souveraineté des Papes, par la pieté & par la liberalité de nos Rois. Il avoit un commerce d'estude & d'amitié avec tous les hommes sçavans de son temps. Il s'estoit acquis tant d'estime parmi le Clergé de France, que les Prelats assemblez prenoient ordinairement ses avis sur les matieres les plus importantes, les plus obscures & les plus difficiles. L'on admiroit en lui deux choses qui se trouvent rarement en un mesme homme, une profonde science & une profonde humilité. Sa reputation le fit souhaiter à Rome où il alla par l'ordre du Cardinal Barberin. Ce Cardinal le presenta au Pape Urbain VIII. qui le reçut avec beaucoup de marques d'estime, & l'admit souvent dans son Cabinet. Comme on tenoit alors une Congregation chez ce mesme Cardinal où l'on s'entretenoit souvent de l'ancien estat de l'Eglise Grecque, de ses Rits, & de la doctrine de ses Peres; le Pere Morin qui y assistoit presque toûjours, forma alors le dessein de composer les Livres qu'il a faits des Ordres sacrez, ceux de la Penitence, & quelques autres Traitez encore. Il ménagea si bien les Grecs, par ses écrits, par ses conferences, & par la protection qu'il leur procura, qu'il avança fort les affaires de la reünion de l'Eglise Grecque avec la Latine. Dans ce mesme temps le Cardinal de Richelieu qui connoissoit son merite, & qui le jugea necessaire auprés de lui pour les grands desseins qu'il meditoit, obligea ses Superieurs à le rappeler en France. On fut estonné de le voir quitter Rome où il estoit sur le point de se voir élevé aux premieres dignitez de l'Eglise. Il possedoit en perfection les Grammairiens, les Poëtes, les Orateurs & les Historiens. Il sçavoit de mesme les apophtegmes & les opinions de tous les Philosophes. Il estoit consommé dans la Geographie & dans la Chronologie, dans la connoissance des mœurs, des coûtumes, & de la police de toutes les Nations; & ce qui est tres-singulier, il sçavoit l'Ecriture Sainte dans toutes les Langues sçavantes où elle a esté traduite. Il fit revivre parmi les Chrétiens la Langue Samaritaine, tirant, pour ainsi dire, des tenebres le Pentateuque Hebreu-Samaritain dont on n'avoit point entendu parler depuis S. Hierôme. Il le fit imprimer dans la Poliglotte de Paris avec une Preface tres-excellente. Son merite estoit trop grand pour n'avoir pas d'antagonistes: Il en eut, & entr'autres le sieur de Muïs & le Pere Simon, qui ont été obligez par la force de la verité, de faire son éloge dans les endroits mesmes où ils l'attaquoient. Son caractere principal étoit une extréme douceur, qu'il conservoit tellement au milieu des disputes les plus âpres dans les matieres de Religion & de Controverse, qu'il ne lui arriva jamais de s'emporter. Cette moderation fit que quelque resistance qu'il eust trouvée toute sa vie dans ses parens à embrasser la Religion Catholique, il leur laissa tous ses biens de patrimoine contre le conseil de la pluspart de ses amis. Il mourut à Paris âgé de 68. ans le 28. de Février 1659. Il fut fort regretté de tous les Sçavans, & particulierement du docte Bibliothequaire du Vatican Leo Allatius, qui le nomme, *L'Homme tres-docte, & auquel l'Antiquité est tres-obligée.*

Louis de Bourbon Prince de Condé.

LOUIS DE BOURBON
PRINCE DE CONDÉ.

E Prince dont j'entreprens l'Eloge, estoit un de ces grands hommes dont l'Antiquité faisoit ses demi-Dieux, & dont les qualitez extraordinaires lui auroient semblé au dessus des forces de la nature humaine. Il nâquit à Paris le troisiéme Septembre 1621. de Henri de Bourbon Prince de Condé & de Charlotte de Montmorency. Il commença ses études à l'âge de huit ans chez les Jesuites à Bourges, & il y fit un tel progrés, qu'à sa treiziéme année il soûtint des Theses de Philosophie, où il excella sur tous ses concurrens, à peu prés de la même sorte qu'il surpassa dans la suite tous les grands Capitaines de son siecle.

Son temperament sanguin, bilieux & robuste, luy fit aimer le jeu, la chasse, les divertissemens, & luy fournit des forces pour les plus grandes actions. Sa taille au dessus de la mediocre, aisée, fine & delicate, lui donna beaucoup de grace à danser, à monter à cheval, à faire des armes & à tous les autres exercices militaires. Il avoit l'air grand, fier & affable tout ensemble, beaucoup de feu dans les yeux, & une physionomie qui tenoit de l'Aigle. Son genie estoit du premier ordre en toutes choses, & particulierement dans la Guerre, pour laquelle il estoit tellement né, qu'il n'avoit point de plus grande joye que de se voir à la teste d'une armée preste à combattre. C'estoit dans ces momens terribles que la Guerre avoit pour lui des charmes. Dans le temps où le bruit & le tumulte du combat troublent les plus fermes & les plus intrepides, c'estoit alors qu'il estoit le plus tranquile, qu'il voyoit mieux toutes choses, & qu'il donnoit ses ordres avec plus de sang froid & avec plus de facilité; en un mot ce qui faisoit l'agitation des autres, le mettoit en quelque sorte dans son repos & dans son estat naturel. Il a formé par son exemple douze Mareschaux de France, & une infinité de toute sorte d'Officiers. Personne n'a esté plus vigilant, soit à choisir des postes, soit à faire observer la discipline. Il se faisoit éveiller à quelque heure que ce fust dés qu'on avoit à luy parler, surprenant toûjours les ennemis, & ne leur donnant jamais lieu de le surprendre. Ces qualitez jointes à son courage l'ont fait regarder comme un des plus grands Capitaines qui fut jamais. On n'a pas eu de peine à porter ce jugement aprés les actions heroïques qu'il a faites; mais ce qui est estonnant & qui fait voir que le caractere de grandeur & de superiorité étoit bien marqué en luy, c'est que le Cardinal de Richelieu en jugea de même dés l'année 1641. lors qu'il n'avoit encore que vingt ans. *Ce sera*, dit-il à Monsieur de Chavigni, aprés une longue conference qu'il avoit eüe avec ce jeune Prince sur le fait de la Guerre, *ce sera, le plus grand Capitaine de l'Europe & le premier homme de son siecle.*

Il commença à se signaler en qualité de volontaire aux Sieges d'Arras, d'Ayre ou de Perpignan, & dans ce dernier Siege il commanda l'Arriere-ban de Languedoc. Il donna dans ces trois Campagnes tant de preuves d'une capacité extraordinaire pour commander en chef, que Loüis XIII. crut ne pouvoir remettre en de meilleures mains la conduite de ses armées. La bataille de

Rocroy qu'il gagna , les victoires qu'il remporta à Fribourg & à Nortlingue, & la prise de plus de vingt Villes considerables en moins de quatre années, justifierent pleinement un si sage & si heureux choix. Le Siege de Lerida n'eut pas un succés favorable; mais la prudence avec laquelle il s'y conduisit, lui fit honneur; & les Campagnes suivantes le comblerent de gloire par la prise d'Ypres & par la fameuse bataille de Lens, suivie d'une des plus complettes & des plus grandes victoires que l'on ait jamais remportées. On peut joindre à ces fameux exploits ce qu'il fit dans la Franche-Comté , & en Hollande sous les Ordres du Roy commandant en personne, quoiqu'il fut contraint d'avoüer, qu'il vit faire à ce Monarque des choses qui jusques-là ne luy avoient pas semblé possibles , comme de prendre en un mois quarante Villes & quatre Provinces. Sa valeur n'éclata pas moins dans la bataille de Senef, où inferieur en forces aux ennemis, il les battit, les mit en fuite , prit leur bagage & leur canon.

Il est vray qu'il eût le malheur de se voir engagé à porter les armes contre son Prince; mais peut-estre ce malheur étoit-il necessaire pour faire éclater des vertus, que sans cela on n'auroit pas connuës. Les Ennemis se voulant prévaloir de l'estat où il estoit, mirent tout en œuvre pour luy faire relâcher quelque chose de ses avantages de Prince du Sang de France en faveur de l'Archiduc Leopold Gouverneur des Païs-bas; mais rien ne fut capable de l'esbranler , & il aima mieux s'exposer à toute sorte d'extremitez, que de donner la moindre atteinte à son estat & à la dignité de sa naissance. Sa retraite en son Château de Chantilly contribua encore infiniment à faire voir toute la grandeur de son ame. Ses vertus militaires ayant été obligées de se reposer , une infinité d'autres grandes qualitez que le bruit des armes empêchoient de paroître , se montrerent dans toute leur beauté. On vit le même genie qui avoit si bien réussi à ranger des armées en bataille, ne réussir pas moins dans des occupations plus douces , & s'y rendre aussi aimable qu'il avoit paru terrible les armes à la main.

L'incroyable penetration de son esprit le fit entrer dans tout ce que les sciences ont de plus beau, & insensiblement il s'y rendit habile, presque au même degré que ceux qui en font une profession particuliere, en donnant à la lecture pour se desennuyer une partie des [illegible] que l'activité de son esprit déroboit au sommeil. Mais si sa vie fut admirable, sa mort toute chrestienne & à laquelle il s'estoit preparé par deux ou trois années d'exercice de pieté solide, fut encore plus precieuse devant Dieu & devant [illegible] hommes : Elle arriva à Fontainebleau où il étoit allé pour assister la Duchesse de Bourbon sa belle-fille malade de la petite verole , & où il expira l'onziéme Decembre 1687. entre les bras du Duc d'Anguien son fils qu'il aimoit avec toute la tendresse d'un bon pere , & qu'il laissa seul heritier de ses biens & de ses vertus.

Le Vicomte de Turenne

LE VICOMTE DE TURENNE.

ORSQU'Homere a voulu faire l'image d'un grand Capitaine, il l'a dépeint fier, emporté, colere, inexorable, escoutant peu la justice & se croyant tout permis par le droit des armes. Si l'on veut se former une juste idée de celui dont je parle, on n'a qu'à lui donner des qualitez toutes opposées; ce n'est pas qu'il n'ait fait les mesmes grandes actions que les plus vehemens de tous les Capitaines, mais c'est qu'il venoit encore mieux à bout de ce qu'il entreprenoit en se laissant conduire à la raison, que n'ont fait tous les autres en suivant les mouvemens impetueux de leurs passions.

Henri de la Tour d'Auvergne, Vicomte de Turenne, nâquit à Sedan l'onziéme Septembre 1611. & fut baptisé dans le Temple de cette Ville, suivant l'usage du Calvinisme, dont son Pere Henri de la Tour d'Auvergne Duc de Boüillon, Prince Souverain de Sedan & Mareschal de France faisoit profession; de mesme que sa Mere Elizabeth de Nassau. Toute sa vie n'a été qu'un tissu d'actions nobles, genereuses & magnanimes, qui ont commencé dés les premieres démarches de son enfance. Son Precepteur ayant voulu luy donner le foüet, il prit une épée & voulut le tuer. Monsieur de Boüillon son pere en étant informé, le fit châtier tres-rigoureusement, cependant, ayant trouvé à quelques jours de là ce mesme Precepteur endormi & prest d'estre piqué par un Serpent, il mit l'épée à la main, tua le Serpent; & réveilla le Precepteur qui craignit d'abord qu'il n'en voulust à sa vie; mais qui ayant appris sa generosité, ne put l'admirer assez. Il aimoit à soulager ceux qu'il voyoit dans la misere, & il estoit ingenieux à en trouver des moyens qui ne leur fissent point de confusion. Il estoit encore fort jeune, lors qu'ayant vû un Gentilhomme devenu pauvre pour avoir dépensé tout son bien au service & dans les armées, il s'avisa de troquer des Chevaux avec luy, & de luy en donner d'excellens pour de tres-mediocres, faisant semblant de ne s'y pas connoître. Il est rare qu'un jeune homme qui entre dans le monde veüille bien passer pour dupe, dans le seul dessein d'épargner à un homme la honte de recevoir du secours dans son indigence.

Il commença à aller à l'armée en l'année 1627. sous la conduite de ses oncles les Princes Maurice & Henri de Nassau. Il passa au service de la France, & fut bientost fait Mareschal de Camp. Il n'estoit pas riche, & n'avoit que quarante mille livres de rente de sa maison pour soustenir toutes les dépenses ausquelles sa qualité & son poste l'obligeoient indispensablement, cependant quoy que fort à l'estroit avec si peu de revenu, il ne voulut jamais accepter des sommes considerables que ses Amis lui offroient, de peur, leur disoit-il, que s'il venoit à estre tué, ils n'en perdissent une bonne partie. Il avoit la mesme delicatesse à l'esgard des Marchands, dont il ne vouloit rien prendre à credit par la mesme raison. Une si grande droiture d'ame, jointe à tant d'autres bonnes qualitez, faisoit souhaiter son amitié à tout le monde, & le Cardinal de Richelieu qui se connoissoit en merite, la luy fit demander par le Mareschal de la Meilleraye, luy offrant de luy faire épouser une de ses parentes. La Reine Mere luy ayant envoyé le Baston de Mareschal de France avec le Commandement de l'Armée d'Allemagne, il trouva les Troupes en si mauvais estat, qu'il vendit sa Vaisselle d'argent pour habiller les Soldats & pour remonter la Cavalerie, ce qu'il a fait plus d'une fois dans le cours de sa vie. Il commanda la principale Armée du Roy depuis l'année 1652. jusqu'à la Paix des Pyrenées. Rien n'est plus admirable que la suite des belles actions qu'il fit dans ces temps difficiles, où la France divisée avoit à se défendre contre les Etrangers & contre ses propres Enfans. On peut dire qu'il soûtint alors presque seul tout le Corps de l'Estat. La posterité aura peine à comprendre comment avec le peu de Troupes qu'il avoit, il pouvoit faire face de tous costez, & quoique le plus foible en la pluspart des occasions, en sortir neanmoins toûjours avec avantage. Il est vrai que personne n'a jamais sçu mieux conduire une Armée, la mieux poster, la faire mieux combattre, & sur tout la mieux conserver; aussi les Soldats avoient une telle confiance en sa sagesse, qu'en quelque lieu qu'il les fist camper, ils dormoient sans inquietude de l'Ennemy, persuadez qu'il avoit pourvû à tout, & qu'il n'étoit pas possible de le surprendre. Ils l'appelloient leur Pere, non-seulement à cause du grand soin qu'il avoit de leur conservation, mais à cause des manieres douces & tendres dont il les traitoit, & des secours extraordinaires qu'il leur procuroit, soit dans leurs blessures, soit dans leurs maladies. Il fit lever le Siege d'Arras, & eut quelque temps aprés la Charge de Colonel General de la Cavalerie legere, vacante par la mort du Duc de Joyeuse Prince de la Maison de Lorraine. Il battit les Espagnols à la bataille des Dunes, quoiqu'ils eussent de leur costé le Prince de Condé: Action capable seule de faire l'éloge du plus grand de tous les Capitaines.

En 1667. il accompagna le Roy à la conqueste d'une partie de la Flandre, & donna les premieres leçons de la Guerre à ce grand Monarque, qui depuis les a si bien mises en pratique. Sa moderation a été au delà de tout ce qu'on raconte des Philosophes les plus moderez, & qui n'avoient que cette qualité pour se faire estimer. Tant de Vertus morales dans un homme d'une si grande valeur, faisoient souhaiter à tout le monde sa conversion, qui arriva enfin en l'année 1668. Il avoit eu plusieurs conversations sur ce sujet si important avec son neveu le Duc d'Albret depuis Cardinal de Boüillon, & avec l'Abbé Bossuet depuis Evesque de Condom. Personne n'en ressentit plus de joye que le Roy, qui en créant pour luy la Charge de Mareschal general de ses Camps & Armées, luy avoit dit à Toulouse qu'il ne tiendroit qu'à luy d'avoir une Charge encore plus considerable en levant l'obstacle de sa Religion. Mais ce Prince refusa alors sans peine cette marque d'honneur & tous les autres avantages qu'on lui proposa, dans la crainte qu'on ne les regardast comme des motifs de sa conversion. Sa mort qui arriva le 27. Juillet 1675. fut digne de sa vie; il s'avançoit pour combattre les Ennemis, & il les avoit engagez dans un si mauvais poste, qu'il étoit presque seur de la victoire. Il fut emporté d'un coup de canon, qui en terminant sa vie, acheva de la combler de gloire. Le Roy lui fit faire un Service solemnel dans l'Eglise de Nôtre-Dame de Paris, où toutes les Compagnies Superieures se trouverent, & son corps fut porté à S. Denis, sepulture ordinaire de nos Rois, où ensuite on lui a élevé un Mausolée tres-magnifique.

Iac. Lubin sculp.
Blaise François Comte de Pagan

BLAISE FRANÇOIS COMTE DE PAGAN.

ON doit sçavoir gré à ceux qui possedant parfaitement un Art, veulent bien communiquer au Public la connoissance qu'ils en ont & luy faire part de leurs lumieres, sur tout s'ils ont joint la pratique à la speculation, & s'ils peuvent appuyer leurs preceptes par leurs exemples; c'est ce qu'a fait celui dont nous parlons. Il avoit un genie propre à reüssir en toutes choses; de sorte que l'ayant tourné tout entier du côté de la Guerre, & particulierement vers la partie qui regarde les Fortifications, il n'est pas croyable quel progrés il a fait dans cette Science, s'y étant appliqué dés sa plus tendre jeunesse. Il sçavoit les Mathematiques, non seulement au delà de ce qu'un Gentilhomme qui veut s'avancer par les armes en aprend ordinairement, mais au delà de ce que les Maistres qui les enseignent ont accoûtumé d'en sçavoir. Il avoit une si grande ouverture d'esprit pour ces sortes de Sciences, qu'il les apprenoit plus promptement par la seule meditation que par la lecture des Auteurs qui en traitent; aussi employoit-il moins son loisir à cette lecture qu'à celle des Livres d'Histoire & de Geographie, dont la meditation ne peut donner aucune connoissance, quelque genie qu'on puisse avoir. Il avoit fait encore une estude particuliere de la morale & de la politique; de sorte qu'on peut dire qu'il s'est en quelque façon dépeint dans son homme heroïque, & qu'il s'estoit rendu l'un des plus parfaits Gentilshommes de son temps. Le feu Roy en estoit si persuadé, qu'on luy a plusieurs fois entendu dire que le Comte de Pagan estoit un des plus honnestes, des mieux faits, des plus adroits & des plus vaillans hommes de son Royaume.

Il nâquit en Provence le 3. Mars 1604. & dés l'âge de douze ans il embrassa la profession des Armes à laquelle il fut élevé avec un soin extraordinaire. Il se trouva en l'année 1620. au Siege de Caën, au Combat du Pont de Cé, & à la reduction de Navarreins & du reste du Bearn, où il se signala & s'aquit une reputation au dessus de celle d'un homme de son âge. L'année d'aprés il se trouva aux Sieges de S. Jean d'Angeli, de Clerac & de Montauban, où il perdit l'œil gauche d'un coup de Mousquet. Il fit à ce Siege une autre perte qui ne lui fut pas moins sensible qui fut celle du Connestable de Luynes qui y mourut du pourpre. Ce Connestable estoit son parent fort proche & son Protecteur à la Cour, où il l'avoit attiré & fait connoistre son merite.

Au lieu d'estre decouragé par ce malheur, il reprit des forces & une plus grande confiance qu'il iroit loin dans sa Profession, se persuadant que la Providence ne l'avoit conservé que pour le favoriser de nouvelles graces. Il n'y eut depuis ce temps-là aucun Siege, aucun Combat, ni aucune occasion où il ne se signalat par quelque action ou d'adresse ou de courage. Au passage des Alpes & aux barricades de Suze, il se mit à la teste des Enfans perdus, des Gardes & de la plus brave Jeunesse, & entreprit d'arriver le premier à l'attaque par un chemin particulier, mais extremement dangereux, ayant gagné le haut d'une Montagne fort escarpée. Là ayant crié à ceux qui le suivoient: *Voici le chemin de la gloire*, il se laissa glisser le long de cette Montagne; & ses compagnons l'ayant suivi, ils arriverent les premiers à l'attaque comme il se l'étoit proposé. A leur abord il y eut un furieux choc, & les Troupes étant venuës les soûtenir ils forcerent les barricades. Ce fut aprés cette action heroïque qu'il eut le plaisir d'entendre le Roy, dont il avoit l'honneur de soûtenir la main gauche, la raconter au Duc de Savoye avec des loüanges extraordinaires en presence d'une Cour tres-nombreuse. Le Roy ayant assiegé Nancy en 1633. il eut aussi l'honneur de tracer avec Sa Majesté les lignes & les Forts de la circonvalation. En l'année 1642. le Roy le choisit pour aller servir en Portugal en qualité de Maréchal de Camp, & ce fut dans cette même année qu'il acheva de perdre entierement la veuë par une maladie.

Dés qu'il se vit hors d'estat de servir par son bras & par son courage, il reprit plus vivement que jamais l'estude des Mathematiques & des Fortifications pour devenir utile par son esprit & par son industrie, & pour pouvoir encore par là combattre pour son Prince & pour sa Patrie. Il donna d'abord son Traité des Fortifications, qui fut mis au jour en l'année 1645. Tous ceux qui se connoissent en cette Science, conviennent que jusques-là il ne s'estoit rien vû de plus beau ni de meilleur sur cette matiere, & que si l'on y a fait depuis de nouvelles découvertes, elles en sont sorties en quelque façon comme les conclusions sortent de leurs principes. Il donna en 1651. ses Theoremes Geometriques, qui marquent une parfaite connoissance de la Geometrie & de toutes les parties des Mathematiques. En 1655. il fit imprimer une Paraphrase en François de la relation Espagnole de la Riviere des Amazones du P. Christophe de Rennes Jesuite. On asseure que tout aveugle qu'il estoit, il disposa luy-même la carte de cette Riviere & des païs adjacens, laquelle se voit à la teste de cet Ouvrage.

En 1657. il donna la Theorie des Planettes debarassée de la multiplicité des cercles excentriques & des epicycles, que les Astronomes ont inventez pour expliquer leur mouvement, en les faisant mouvoir par des Elipses, qui font trouver avec une facilité incroyable le vray lieu & le vray mouvement des Planettes. Cet Ouvrage ne l'a pas moins distingué parmi les Astronomes que celui des Fortifications parmi les Ingenieurs. Il fit imprimer en 1658. ses Tables Astronomiques tres-succinctes & tres-claires. Mais comme il est difficile que les grands hommes n'ayent pas quelque foiblesse, la sienne fut d'avoir été prévenu en faveur de l'Astrologie judiciaire; & quoiqu'il ait esté le plus retenu de ceux qui ont écrit sur cette matiere, ce qu'il en a écrit ne sçauroit estre mis au nombre des choses qui lui doivent faire de l'honneur. Il estoit aimé & visité de toutes les personnes illustres en dignité & en science, & sa maison étoit le reduit de ce qu'il y avoit de plus honnestes gens & à la Cour & à la Ville. Il mourut à Paris le 18. Novembre 1665. âgé de soixante & un an & huit mois. Le Roy le fit visiter pendant sa maladie par son premier Medecin, & donna beaucoup d'autres marques de l'estime extraordinaire qu'il faisoit de son merite. Il est enterré dans l'Eglise des Religieuses de la Croix au Faux-bourg S. Antoine. Il est mort sans enfans & sans avoir été marié; ainsi la branche de sa famille, qui passa de Naples en France en 1552. finit en sa personne.

Pierre Seguier
Chancelier de France

PIERRE SEGUIER
CHANCELIER DE FRANCE.

LA Maison des Seguiers, originaire du Pays de Quercy, est tres-noble & tres-ancienne. Il y a eu des Chanceliers d'Armagnac & des Seneschaux d'espée qui se sont distinguez dans les guerres des Anglois, en servant sous les Comtes d'Armagnac, particulierement Artau Seguier Seigneur de Saint Geniers. De luy sont sorties les branches qui se sont dispersées à Toulouse & à Paris, où Gerard Seguier s'est estably le premier, & a commencé de prendre la Robe, quoyque tous ses Ancestres eussent eu des emplois dans l'espée. Cette branche a esté extrémement feconde en grands Personnages, & l'on peut dire qu'elle a un avantage qui ne se rencontre guere ailleurs, qui est d'avoir donné à la France un Chancelier, cinq Presidens au Mortier, onze Conseillers, & deux Advocats Generaux au Parlement de Paris, & sept Maistres des Requestes. Si ce n'est pas un petit éloge pour celuy dont je parle, d'avoir tant de grands hommes dans sa Famille, c'en est un encore bien plus considerable d'avoir ramassé en sa personne toutes les sortes de merite que la Nature leur avoit partagez. Car il est vray de dire que Monsieur Seguier n'a manqué d'aucune des qualitez que l'on peut souhaiter dans un grand Magistrat. Personne n'a jamais mieux merité de se voir à la teste de la Justice, puis qu'on a dit de luy que non seulement il sçavoit parfaitement tout ce qui pouvoit regarder les fonctions de sa Magistrature, mais qu'il n'y avoit aucun Officier en France qui sceust mieux que luy tous les devoirs de sa propre Charge. Il naquit à Paris le 29. May 1588. & aprés avoir fait des estudes qui marquoient la force & l'abondance de son génie, soit dans les Lettres, soit dans la Jurisprudence Civile & Canonique dont il possedoit la veritable science mieux que personne du monde, il fut Conseiller, Maistre des Requestes, Intendant en Guyenne, & President au Mortier, Charge qu'il exerça pendant le cours de neuf années.

Le Roy ayant connu son merite & sa grande capacité, luy donna la Charge de Garde des Sceaux le dernier Février 1633. celle de Commandeur & Garde des Sceaux des Ordres du Roy, vacante par la mort de Monsieur de Bullion en 1640. & le onziéme Decembre 1635. celle de Chancelier vacante par la mort de Monsieur Daligre. Sur la fin de l'année 1639. le Roy l'envoya en Normandie pour appaiser des émotions populaires arrivées dans plusieurs villes de cette Province, & Sa Majesté luy donna un Conseil composé de Conseillers d'Estat, de Maistres des Requestes, de Greffiers & d'Huissiers, & de Monsieur de la Vrilliere Secretaire d'Estat, pour signer en commandement toutes les expeditions qu'il jugeroit necessaires. Sa Majesté joignit à cette Commission le commandement des Trouppes qu'elle envoya sous la conduite de Monsieur de Gassion, pour reduire les mutins à la raison. Ce General prenoit l'ordre de luy, & depuis l'établissement de la Monarchie, il est le seul Chancelier auquel une pareille autorité ait esté confiée. Il s'acquitta de cet Employ avec tout le succez qu'on pouvoit en attendre, & le Roy luy en témoigna beaucoup de satisfaction. Il est vray que les Sceaux luy furent ostez deux fois, mais la promptitude avec laquelle ils luy furent rendus luy fut tres-glorieuse par le besoin qu'il parut qu'on avoit de son ministere dans des temps aussi difficiles qu'ils l'estoient alors à cause des mouvemens arrivez à Paris. Un jour qu'il alloit au Parlement pour y declarer les intentions de Sa Majesté pendant les troubles de cette Ville, il fut arresté par la populace qui avoit fait des barricades dans toutes les ruës, de sorte que ne pouvant avancer avec son carrosse il mit pied à terre pour continuer son chemin, & aima mieux exposer sa vie que de ne pas executer les ordres de son Maistre. Peu s'en fallut qu'il ne perist dans cette occasion, car lors qu'il voulut fendre la presse il se fit plusieurs décharges, & le Lieutenant du grand Prevost en fut tué auprés de luy. Sa Majesté ayant esté informée du peril où il estoit envoya le Mareschal de la Meilleraye avec les Gardes Françoises & Suisses pour l'en tirer. Lors qu'il arriva au Palais Royal, il n'est pas croyable avec quelle joye il fut reçû du Roy, de la Reine sa Mere, & de toute la Cour. A peine fut-il entré qu'il fut obligé de répondre à la Harangue du Parlement que le Roy avoit fait venir & de luy faire entendre les intentions de Sa Majesté. Il le fit avec autant de gravité, de vigueur & de sang-froid qu'il l'eust pû faire au sortir de son Cabinet, & avec tant de force & tant d'éloquence, qu'il donna de l'admiration à tous ceux qui l'oüirent.

Le Cardinal de Richelieu qui connoissoit sa suffisance dans toutes sortes de litteratures, & la délicatesse de son esprit, desira qu'il fût de l'Academie Françoise pour l'affermir dans ses commencemens par la reputation d'un si grand Magistrat. Et lorsque le Cardinal fut mort, l'Academie qui s'assembloit chez Monsieur Seguier, qui s'y est assemblée jusqu'à sa mort, & qui connoissoit ses talens admirables, le fit son Protecteur, qualité, que LOUIS LE GRAND n'a pas dédaigné de joindre à celle de Roy de France & de Navarre, comme on le voit dans les Jettons qui se donnent à l'Academie tous les jours qu'elle s'assemble. Il étoit aussi Protecteur de l'Academie Royale de Peinture & Sculpture, & de tous les Sçavans ausquels il procuroit des graces du Roy, & leur en faisoit de tres-considerables de son propre fonds. Il n'y avoit point, de son temps, aucun Particulier qui eust une plus belle Bibliotheque que la sienne, toujours ouverte à toutes les personnes de merite qui desiroient la voir, & mesme en profiter. Il n'eut de Magdelaine Fabri son épouse que deux filles. L'aisnée, nommée Marie, épousa en premieres nopces Cesar du Cambout Marquis de Coaslin Colonel des Suisses, & Grisons, Lieutenant General des Armées du Roy, & Gouverneur de Brest, qui fut tué d'un coup de mousquet au siege d'Aire en 1641. à la veille de recevoir le Baston de Mareschal de France que le Roy luy avoit promis; & en secondes nopces le Marquis de Laval aussi Lieutenant General des Armées du Roy. La seconde nommée Charlotte fut mariée en premieres nopces à Maximilien François de Bethune Duc de Sully, & en secondes nopces à Henry de Bourbon Duc de Verneüil.

Il mourut à S. Germain en Laye âgé de 84. ans le 28. Janvier 1672. aprés avoir possedé les Charges de Garde des Sceaux & de Chancelier trente-neuf ans moins un mois. Son corps fut porté aux Carmelites de Pontoise, où Jeanne Seguier sa sœur estoit Superieure.

Guillaume du Vair
Garde des Sceaux de France.

GUILLAUME DU VAIR
GARDE DES SCEAUX DE FRANCE.

UILLAUME DU VAIR nâquit à Paris en l'année 1556. Il apporta au monde, avec l'avantage d'estre d'une Famille illustre, tous les talens necessaires pour s'acquerir de la gloire & se faire des establissemens considerables. Il avoit beaucoup de finesse & de vivacité dans l'esprit, beaucoup de solidité dans le jugement, & sur tout une moderation admirable, par laquelle s'estant toûjours rendu maistre de luy-mesme, il parvint à se rendre aussi le maistre de l'esprit des autres. Il fut d'abord Conseiller au Parlement de Paris, ensuite Maistre des Requestes, & Intendant à Marseille, & peu de temps aprés Conseiller d'Estat. Henry IV. ayant de plus en plus reconnu son merite & son habileté à manier les plus grandes affaires, l'envoya Ambassadeur en Angleterre.

Au retour de son Ambassade qui luy fut glorieuse, & utile à l'Estat, Sa Majesté luy donna la Charge de premier President au Parlement de Provence, qu'il exerça pendant vingt années avec l'applaudissement de toute la Province. Louis XIII. instruit de son merite, crut ne pouvoir donner les Sceaux à une personne qui pust luy rendre de meilleurs services dans une place qui le mettoit à la teste de la Justice & de toutes les grandes affaires du Royaume, & les luy donna avec une clause dans ses provisions bien honorable, qui estoit de pouvoir presider à toutes les Compagnies Souveraines du Royaume, de joüir de tous les honneurs attribuez à la Charge de Chancelier, & d'en estre pourvû, si elle venoit à vaquer, sans avoir besoin de nouvelles Lettres.

Il soûtint son rang & sa dignité dans le Conseil contre les Ducs & Pairs avec une fermeté & une presence d'esprit sans égales, & il aima mieux quitter les Sceaux, que de complaire au Mareschal d'Ancre qui abusoit de sa faveur. A peine les eut-il rendus que Sa Majesté connoissant la perte qu'elle faisoit, luy commanda de les reprendre. A l'occasion de cet évenement il s'émeut une question entre les beaux Esprits de ce temps-là, non moins honorable pour luy que difficile à resoudre. C'estoit de sçavoir laquelle, de trois journées de sa vie on devoit trouver la plus belle. Celle où son merite avoit porté le Roy à le faire venir du fonds de la Provence pour luy donner les Sceaux; celle où sa probité inflexible les luy avoit fait rendre, ou celle enfin en laquelle ce mesme merite & cette mesme probité avoient obligé le Roy à les luy redonner.

Son genie d'une étenduë prodigieuse se trouva capable de gouverner encore le Diocese de Lisieux, dont l'Evesché luy fut donné trois ans avant sa mort. Comme sa pieté égaloit & surpassoit mesme toutes ses autres vertus, il ne conduisit pas moins bien les affaires de son Eglise que celle de l'Estat.

Si la maniere dont il se gouverna dans les differens Emplois de sa vie, est une preuve incontestable de la bonté & de la force de son esprit; ses Ecrits n'en rendent pas un moindre témoignage, & en relevent encore infiniment le merite. Il aima les belles Lettres dans toute leur étenduë, mais sa passion principale fut pour l'Eloquence. Il y a excellé au-delà de tous ses concurrens, comme on le peut voir dans le recüeil de ses Ouvrages qui composent un tres-gros volume. On y trouve des Traitez de Philosophie Chrestienne, où il est mal-aisé de déterminer ce qu'on doit y admirer le plus ou du bon sens ou de la pieté, ou de l'éloquence, on y lit une infinité de Harangues sur toutes sortes de sujets dont la varieté marque une abondance & une facilité de genie tres-singulieres. On y trouve aussi des Traductions de plusieurs Oraisons de Demosthene & de Ciceron, dont la beauté n'est guere inferieure à celle de leurs Originaux. Il a eu une politesse qu'il ne doit qu'à luy seul, & qui a esté comme l'Aurore de celle qui brille aujourd'huy dans la Chaire, dans le Barreau & dans tous les Ouvrages de nos meilleurs Auteurs. Les Livres de ce temps-là sont tellement pleins & couverts de citations, qu'on ne voit presque point le fond de l'Ouvrage. Ceux qui en usoient ainsi, pensoient imiter les Anciens, ne considerant pas que les Anciens eux-mesmes ne citoient presque jamais. Monsieur du Vair qui sçavoit que d'imiter un Auteur, n'est pas de rapporter ce qu'il a dit, mais de dire les choses en la maniere qu'il les eust dites, a imité parfaitement les Anciens en parlant de son chef de mesme qu'ils ont parlé du leur, & en mettant en œuvre la pluspart de leurs pensées, mais aprés se les estre renduës propres par la meditation sans se servir de leurs mesmes paroles. Il mourut en l'année 1621. à Tonneins en Agenois où il estoit à la suite du Roy durant le siege de Clerac. Son corps fut porté aux Bernardins de Paris, où l'on voit cette Epitaphe composée par luy-mesme: *Guillelmus du Vair Episcopus Lexoviensis, Franciæ Procancellarius, hîc expectat resurrectionem & misericordiam.* Le President de Gramond qui a fait son éloge, a dépeint ce grand homme en des termes si naturels & si magnifiques, que je ne puis m'empescher de les rapporter: *Erat majestate venerabilis, qualis Roma olim vidit & mirata est Fabricios, Cincinnatos, aut Fabios, Sagax, Severus, Sapiens, Oratorum sui temporis princeps, qui locutionem Gallicam aut restituit decori suo, aut decorem primus in eam invexit.*

Jac. Lubin Sculp.
Le President Jeannin

LE PRESIDENT JEANNIN.

OICY un homme qui se doit à luy seul toute son élevation, car de simple Advocat qu'il estoit au Parlement de Bourgogne, il parvint aux plus hautes Charges de la robe, & fut fait Ministre d'un des plus grands Roys de la Terre par la seule force de son merite. Lorsqu'il n'estoit encore qu'Advocat, un Particulier fort riche qui l'avoit oüi discourir touchant la préseance que Beaune pretendoit sur Authun, dans les Estats, fut tellement charmé de la solidité de ses raisons, & de la force de son discours, qu'il resolut de l'avoir pour gendre s'il se trouvoit quelque proportion dans leurs fortunes. Estant allé le voir à ce dessein, & luy ayant demandé en quoy consistoit principalement le bien qu'il possedoit. Il porta la main à sa teste & ensuite luy montra quelques Livres sur des tablettes. Voila tout mon bien, luy dit-il, & toute ma fortune. La suite de sa vie fit voir qu'il luy avoit montré plus de biens, que s'il luy eust fait voir un grand nombre de Contracts d'acquisition & plusieurs coffres pleins de richesses. Les Estats de Bourgogne le choisirent pour avoir soin des affaires de la Province, & connurent par la maniere dont il les conduisit, qu'ils avoient fait un trés-bon choix.

Quand les ordres arriverent à Dijon d'y faire au jour de la S. Barthelemy le mesme massacre qui se fit à Paris, & dans la pluspart des Villes du Royaume, il y resista de toute sa force, protestant qu'il n'estoit pas possible que le Roy persistast dans une resolution si cruelle & si contraire aux fins que la fausse Politique de son Ministre luy avoit suggerées. Un Courier arriva quelques jours aprés pour deffendre les meurtres qui avoient esté commandez. Il fut nommé quelque-temps aprés Gouverneur de la Chancellerie de Bourgogne. Cette charge fut suivie de celle de Conseiller au Parlement, que le Roy fit revivre en sa faveur, & qui ne luy cousta rien non plus que celle de President au mortier, & toutes les autres qu'il a possedées.

Il est vray que ne s'estant pas apperceu dans le temps que la ligue commença, que cette conspiration n'alloit qu'à oster la Couronne au Prince legitime, & que s'estant laissé éblouïr aux protestations qu'elle faisoit de n'avoir en veuë que de maintenir la Religion Catholique, pour laquelle il avoit un zele tres ardent, il embrassa ce malheureux parti de toute sa force; mais on peut dire que cette démarche si fâcheuse pour luy en apparence fut la source de son bonheur & de celuy de tout le Royaume. Ce fut un coup de la Providence qui voulut qu'un homme de bien & d'esprit s'engageast dans cette injuste faction pour en découvrir la malice & pour devenir ensuite l'instrument principal de sa ruine. Il fut envoyé en Espagne par le Duc de Mayenne, auquel il s'estoit attaché, pour y traiter avec Philippes II. & là il reconnut deux choses: les desseins de celuy qui l'envoyoit, & les prétentions du Prince auquel il estoit envoyé. Il remarqua que le Roy d'Espagne en tenant la carte de la France à la main, ne parloit que des belles Provinces & des bonnes Villes dont il alloit entrer en possession sans dire un seul mot de la Religion, ny de ceux qui s'en disoient les Protecteurs. A son retour il desabusa le Duc de Mayenne, & le convainquit que l'interest de l'Eglise n'estoit qu'un pretexte dont l'Espagne se servoit pour oster la France à son Roy legitime.

Dés que le combat de Fontaine-Françoise eut donné le dernier coup à la Ligue mourante, & remis son Chef dans le devoir, le Roy resolut de gagner le President Jeannin, sçachant bien qu'il auroit tout un Conseil dans cette seule teste. Lorsqu'aprés plusieurs caresses & plusieurs marques d'estime, Sa Majesté luy fit entendre qu'il souhaittoit le mettre dans son Conseil, il dit au Roy qu'il n'estoit pas juste que Sa Majesté preferast un vieux Ligueur à tant d'illustres Personnages dont la fidelité ne luy avoit jamais esté suspecte. Mais Sa Majesté luy répondit qu'il estoit bien assuré que celui qui avoit esté fidelle à un Duc ne manqueroit pas de fidelité à un Roy, & dans le mesme temps luy donna la Charge de premier President au Parlement de Bourgogne, à condition qu'il en traiteroit aussi-tost avec un autre, parce qu'il vouloit l'avoir tousjours auprés de sa Personne. Il eut par ce moyen la satisfaction de donner un Chef au Parlement de la Province où il estoit né, & de faire augmenter les gages des Conseillers du mesme Parlement de 500. livres marque veritable de l'affection qu'il avoit pour sa Compagnie, & de celle que son Maistre avoit pour luy. Depuis ce moment il demeura tousjours auprés de Henry le Grand, & eut la principale part dans sa confidence. Il n'y avoit point de reconciliation à faire ou de differends à regler dans la Cour dont il ne fut l'arbitre, point d'importantes affaires à manier au dehors du Royaume dont il ne fournist les expediens & qu'il ne conduisist à une heureuse fin.

Le Roy le chargea de la negociation entre les Hollandois & le Roy d'Espagne, la plus difficile peut-estre qu'il y eut jamais. Il en vint à bout & remporta une estime generale des deux costez. Scaliger qui fut témoin de sa prudence qu'il ne pouvoit trop exalter, & Barneveld un des meilleurs esprits de ce temps-là, protestoient qu'ils sortoient tousjours d'avec luy meilleurs & plus instruits; & le Cardinal Bentivoglio dit que l'ayant oüy parler un jour dans le Conseil, il le fit avec tant de vigueur & tant d'autorité, qu'il luy sembla que toute la Majesté du Roy respiroit dans son visage. Le Roy se plaignant un jour à ses Ministres que l'un d'eux avoit revelé le secret, il ajoûta ces paroles en prenant le President Jeannin par la main: *Je répons pour le bon homme. C'est à vous autres à vous examiner.* Le Roy lui dit peu de temps avant sa mort qu'il songeast à se pourvoir d'une bonne haquenée pour le suivre dans toutes les entreprises qu'il s'estoit proposées, & que personne n'a jamais sceuës que par de pures conjectures. La Reine Mere se reposa sur luy des plus grandes affaires du Royaume, & luy confia toute l'administration des Finances qu'il mania avec une pureté dont le peu de bien qu'il laissa à sa famille est une preuve tres-convainquante. Le Roy Henry IV. qui se reprochoit de ne luy avoir pas fait assez de bien, dit en plusieurs rencontres qu'il doroit quelques-uns de ses sujets pour cacher leur malice, mais que pour le President Jeannin il en avoit tousjours dit du bien sans luy en faire. Il mourut le trente & uniéme Octobre 1622. âgé de 82. ans. Le Cardinal de Richelieu disoit qu'il ne trouvoit point de meilleures instructions que dans les Memoires & les Negociations de ce grand homme, & c'estoit sa lecture la plus ordinaire dans sa retraite d'Avignon.

Paul Phelipaux Seigneur de Ponchartrain
Secretaire d'Estat.

PAUL PHELYPEAUX
SECRETAIRE D'ESTAT.

AUL PHELYPEAUX Seigneur de Pontchartrain nâquit à Blois en l'année 1569. Ses Anceſtres parurent dans des poſtes conſiderables dés l'année 1360. Loüis, ſecond fils de Jean Roy de France, qui eut pour appanage le Duché d'Anjou, fit Jean Phelypeaux ſon Intendant pour le Comté de Beaufort, & luy donna la Charge d'Intendant des Turcies & Levées d'Anjou, Charge alors tres-conſiderable. Ses enfans furent honorez des meſmes emplois ſous Loüis II. & ſous René ſon fils, tous deux Ducs d'Anjou & Roys de Sicile.

Celuy dont je parle vint au monde avec un eſprit dont la force & la vivacité luy acquirent en peu de temps tout ce qu'on a d'ordinaire beaucoup de peine à faire apprendre aux jeunes gens pendant pluſieurs années, & le rendirent capable preſque au ſortir de l'enfance de toute ſorte d'emplois. Il n'avoit que quatorze ans lors qu'il fut pourveu de la Charge de Secretaire ordinaire de la Chambre du Roy, par Lettres Patentes enregiſtrées en la Chambre des Comptes; & à l'âge de dix-neuf ans il travailla ſous Monſieur Revol aux affaires les plus importantes du Royaume. Il y fit voir tant de capacité, que trois ans aprés le Roy luy fit expedier des Lettres portant permiſſion de ſigner en Finance, marque d'une confiance & d'une diſtinction ſi ſingulieres, qu'il ſeroit difficile d'en trouver un pareil exemple. Cette grace fut accompagnée du don d'une Charge de Secretaire du Roy de l'Ancien College, Sa Majeſté prenant plaiſir à témoigner par de frequents bienfaits la ſatisfaction qu'elle recevoit de ſes ſervices. Monſieur de Villeroy ne fut pas pluſtoſt reſtabli dans ſa Charge de Secretaire d'Eſtat par la mort de Monſieur Revol, qu'il voulut l'avoir auprés de luy pour l'aſſocier à ſon travail. La maniere aiſée dont il expedioit les affaires les plus importantes & les plus difficiles, porta le Roy à le choiſir en l'année 1600. pour eſtre Secretaire des Commandemens de la Reyne Marie de Medicis.

Les ſervices qu'il rendit à cette Princeſſe luy furent ſi agreables, qu'elle demanda au Roy avec empreſſement qu'il fuſt pourveu de la Charge de Secretaire d'Eſtat dont Monſieur Forget avoit permiſſion de ſe defaire, & qu'il fuſt preferé à Monſieur de Preaux ſon concurrent. Le Roy n'eut pas de peine à ſe rendre aux prieres de la Reyne, quoyque Monſieur de Preaux euſt un merite tres-diſtingué; & lorſque Sa Majeſté pourveut Monſieur de Pontchartrain de cette Charge, Elle dit avec des marques de joye ſur le viſage, *qu'il ne croyoit pas la pouvoir remplir d'un perſonnage plus digne, plus fidele ny plus capable.*

Le Roy eſtant mort peu de temps aprés, la Reyne qui devint Maiſtreſſe de toutes les affaires, en remit une grande partie aux ſoins & à la conduite de Monſieur de Pontchartrain, & particulierement les affaires de ceux de la Religion Pretenduë Reformée, qui eſtoient alors les plus importantes du Royaume. Elles n'eſtoient pas de ſon département; mais ſa pieté & ſon zele pour la Religion les luy firent ſouhaiter, & quitter ſans peine, pour les avoir, celles de la

Guerre, quoyque plus éclatantes. Dans ce mesme temps le Prince de Condé, chagrin du double Mariage qui se faisoit entre les Couronnes de France & d'Espagne, se retira de la Cour; & comme il estoit d'une grande consequence d'empescher qu'il ne se mist à la teste des Mécontens, le Roy Loüis XIII. choisit Monsieur de Pontchartrain pour aller à Coucy negocier le retour de ce Prince. Tout ce que l'esprit, l'adresse & l'éloquence peuvent faire, il l'employa dans cette rencontre, & mit le Prince dans la disposition de rentrer entierement dans son devoir, ce qu'il fit peu de temps aprés.

Il fut envoyé ensuite par le Roy à la Conference de Loudun où pendant trois mois qu'elle dura, il débroüilla les differents interests de tous les Pretendans qui s'y trouverent. Il combatit vigoureusement toutes les demandes des Religionnaires, & les reduisit enfin aux termes des Edits. Il sceut porter si heureusement les Esprits à la douceur & à l'obeyssance qu'on peut dire qu'il fut un des principaux instrumens de la Paix, qu'il eut la gloire de conclure & de signer. Ayant suivi le Roy au Siege de Montauban, il y tomba malade; & s'estant fait porter à Castel-Sarrasin, il y mourut le 21. jour d'Octobre 1621. âgé de cinquante-deux ans. Anne Beauharnois sa femme, fille de François Beauharnois sieur de Miramion, fit apporter son corps à Paris dans l'Eglise de Saint Germain l'Auxerrois sa Paroisse, & luy fit élever un tombeau dans la Chappelle où il est enterré.

La Reyne, en reconnoissance de ses services, conserva à son Fils sa Charge de Secretaire d'Estat, & voulut que M. Phelypeaux de la Vrilliere frere du deffunt en fit les fonctions, jusques à ce que le Pupille fust en âge de l'exercer. Monsieur de la Vrilliere en remplit si bien tous les devoirs, qu'elle luy demeura, & passa ensuite à ses Descendans.

Il laissa un fils & trois filles; & l'on remarque que sa famille a donné à la France sept Secretaires d'Estat en l'espace de quatre-vingts ans ou environ.

Iac. Lubin sculp.
Jean Baptiste Colbert
Secretaire et Ministre d'Estat

JEAN BAPTISTE COLBERT

MINISTRE ET SECRETAIRE D'ESTAT.

LE Cardinal Mazarin dit au Roy en mourant qu'il estoit infiniment redevable à Sa Majesté ; mais qu'en luy donnant Monsieur Colbert pour le servir en sa place, il croyoit reconnoistre par là toutes les graces qu'il en avoit receuës. Ce Cardinal sçavoit parfaitement ce qu'il disoit, ayant vû de quelle sorte Monsieur Colbert avoit restabli ses affaires depuis le temps qu'il luy en avoit confié la conduite. En l'année 1661. le Roy l'appella dans son Conseil & luy donna toute l'administration de ses Finances, avec la Charge de Contrôleur General, celle de Surintendant ayant esté supprimée. Cette administration avoit esté jusqu'alors enveloppée d'une obscurité impénetrable, & les plus habiles de ceux qui s'en estoient meslez n'avoient peu venir à bout d'en débroüiller le chaos ? Il s'y appliqua avec tant de soin & de succés, que ces mesmes Finances sont devenuës dans la suite ce qu'il y a de plus clair & de mieux reglé dans le Royaume. Le Roy qui reconnut dans ce Ministre un genie superieur à toutes les affaires dont il estoit chargé, quoyque tres difficiles, y joignit de nouvelles occupations en le faisant Surintendant de ses Bastimens.

Il commença à exercer cette Charge en l'année 1664. & la premiere chose qu'il se proposa fut d'achever le Louvre, & sur tout d'en construire la face principale. Il en fit faire des desseins par tous les habiles Architectes de France & d'Italie ; & comme il avoit conceu beaucoup d'estime pour le Cavalier Bernin, il le fit venir en France. Cependant le dessein de ce fameux Architecte, sur lequel on commença à jetter quelques fondemens, ne fut pas suivi, & il en fut presenté un autre plus beau & plus magnifique qui a esté executé.

L'amour que ce grand Ministre avoit pour les beaux Arts, l'Architecture, la Peinture & la Sculpture, & son bon goust qui luy en faisoit connoistre toutes les beautez, les fit arriver en quelque sorte à leur derniere perfection pendant le temps de sa Surintendance : Mais comme il estoit persuadé que les beaux Ouvrages de l'esprit font encore plus d'honneur aux Estats & aux Princes que les Bastimens les plus magnifiques, il porta Sa Majesté à faire des gratifications aux Gens de Lettres, non seulement du Royaume, mais de toute l'Europe. Ces gratifications montoient tous les ans à de tres-grandes sommes, & il n'y avoit point de Sçavant d'un merite distingué, soit dans l'Eloquence, soit dans la Poësie, soit dans les Mathematiques, quelque éloigné qu'il fust de la France, qu'elles n'allassent trouver chez luy par des Lettres de change. Ayant aussi consideré qu'il se presente sans cesse mille choses à faire pour la gloire du Roy, qui demandent d'estre faites avec esprit, comme des Medailles, des Devises, des Inscriptions & des Desseins de divers Monumens publics, il forma dés l'année 1663. une petite Academie pour travailler à ces sortes d'Ouvrages.

En 1666. le Roy luy ayant ordonné de former l'Academie Royale des Sciences, il la composa des plus habiles gens qu'il put trouver dans le Royaume & dans les Pays estrangers, & il leur obtint du Roy des pensions considerables. Il voulut qu'ils s'appliquassent particulierement à l'Astronomie, à la Geometrie, à la Physique & à la Chymie. Pour les Operations de cette derniere Science il fit construire un grand Laboratoire dans la Bibliotheque du Roy, lieu où cette Académie tenoit & tient encore ses Assemblées; & pour les Observations Astronomiques, il proposa à Sa Majesté de faire bastir ce bel Observatoire qui n'a point de semblable, tant pour sa beauté, sa commodité & sa grandeur, que pour la quantité & l'excellence des Instrumens de Mathematique dont il est fourni. La Marine qui sert si utilement à l'accroissement de la puissance & de la reputation des grands Estats, fut encore confiée à ses soins par Sa Majesté, en le faisant Secretaire d'Estat. Ce Ministre le plus appliqué & le plus laborieux qui fut jamais, & sur tout le plus attentif à bien prendre les intentions de son Maistre premier & seul auteur de toutes les grandes choses que ses Ministres ont executées, fit construire aussi-tost un nombre incroyable de vaisseaux & de Galeres, & en mesme temps des Arsenaux à Rochefort, à Toulon, à Brest, à Marseille, au Havre & à Dunkerque; en sorte que la France qui n'avoit aucunes forces Maritimes, s'est renduë formidable sur la Mer à toutes les Nations du Monde. Il commença & vit achever le Canal de communication des Mers, Ouvrage le seul au monde de cette nature qui ait esté conduit à une heureuse fin. Il restablit le Commerce par toute la France, & forma des Compagnies pour les voyages de long cours dans les deux Indes. Il donna une tres-puissante protection aux Colonies Françoises de l'Amerique, & establit un grand nombre de Manufactures pour occuper les Sujets du Roy, & leur faire gagner l'argent qui passoit aux Pays estrangers.

Parmi tant de differentes & grandes occupations, il trouva du temps pour les devoirs de sa famille & l'éducation de ses enfans, à laquelle il donnoit plus de soins qu'aucun particulier qui n'auroit eu que cette affaire. Enfin il parvint à faire des choses qui avoient paru impossibles à tous ceux qui l'ont précedé, en faisant trouver à la France trois fois plus de gens de guerre qu'elle n'en avoit jamais eu & sur la Mer & sur la Terre, en fournissant des fonds pour soustenir les despenses des Fortifications sur toutes les Frontieres, celles des Bastimens & des Meubles magnifiques dans toutes les Maisons Royales, la splendeur de la Maison du Roy & toutes les autres Charges de l'Estat. Il mourut à Paris le 6. jour de Septembre 1683. âgé de soixante quatre ans, & fut enterré à S. Eustache, où sa Famille luy a fait élever un tres-beau Mausolée. Il estoit de l'Academie Françoise, & il avoit pris plaisir à faire la plus belle Bibliotheque de Livres imprimez & Manuscrits qu'aucun Particulier ait jamais euë en Europe. Il a laissé neuf enfans, six fils & trois filles qu'il a euës de Marie Charron, fille de Jacques Charron Gouverneur & Bailly de Blois, & de Marie Begon. L'aisné de ses fils a esté Ministre & Secretaire d'Estat comme luy. Le second est Archevesque de Roüen. Le troisiéme estoit Colonel du Regiment de Champagne, Bailli & Grand-Croix de l'Ordre de Malthe, & fut tué devant Valcour. Le quatriéme est Grand Maistre des Ceremonies de France, & Colonel du mesme Regiment de Champagne. Le cinquiéme est Guidon des Gendarmes Ecossois; & le dernier de tous qu'on nommoit le Comte de Sceaux, est mort au Service du Roy à la Bataille de Fleurus, où il servoit à la teste du mesme Regiment de Champagne. Les trois Filles ont épousé les Ducs de Chevreuse, de Beauvillier & de Mortemar.

Guillaume de Lamoignon
Premier President du Parlement de Paris.

GUILLAUME DE LAMOIGNON

PREMIER PRESIDENT.

UILLAUME de Lamoignon qui a rempli si dignement la place de Premier President au Parlement de Paris, vint au monde le vingtiéme d'Octobre 1617. avec toutes les bonnes & heureuses qualitez qu'on peut souhaitter à un enfant. Il fut beau, bien-fait & propre à tous les exercices du corps où il excella admirablement; mais surtout d'un esprit qui ne trouvoit rien dans l'estude des belles Lettres, de la Philosophie & de la Jurisprudence qu'il n'enlevast avec une facilité & une rapidité inconcevable. Il y fit un si grand progrés qu'il fut receu Conseiller au Parlement de Paris à l'âge de dix-huit ans avec un applaudissement universel. On ne fit point de grace à son âge, & il est certain que les plus anciens de cet illustre Corps n'avoient presque sur luy d'autre avantage que celuy des années & de l'experience. Ce prodige n'auroit par paru naturel, si on n'avoit esté accoustumé d'en voir de pareils dans sa famille, qui depuis plus de 400. ans a donné une telle suite de grands Personnages qu'on auroit esté plus estonné de voir en luy un homme ordinaire, que d'y trouver un si grand amas & de talens & de vertus.

Guillaume de Lamoignon Seigneur de Pomey vivoit dans le Nivernois avant le regne de S. Loüis. Charles de Lamoignon sieur de Baville fut le premier qui prit la Robe, il vint s'establir à Paris, & aprés s'estre fait admirer dans le Barreau fut Conseiller du Parlement, ensuite Maistre des Requestes & depuis Conseiller d'Estat. Il mourut en l'année 1673. & le Roy qui en avoit receu de grands services, luy fit l'honneur de le visiter plusieurs fois pendant sa maladie. Son fils Chrétien de Lamoignon trés-recommandable par sa suffisance & par sa pieté fut President au Mortier du Parlement de Paris & pere de Guillaume de Lamoignon dont nous faisons l'Eloge.

Aprés avoir esté neuf ans dans le Parlement il fut Maistre des Requestes, & le Roy le nomma Commissaire aux Estats de Bretagne, où il concilia les interests de la Province avec ceux de la Cour; ce qui luy acquit une trés-grande reputation. En l'année 1658. Sa Majesté luy donna la charge de Premier President qu'il exerça le reste de sa vie avec un applaudissement universel; & lorsqu'il remercia le Cardinal Mazarin de luy avoir esté favorable auprés de Sa Majesté dans cette rencontre, il en receut cette response : *Monsieur, si le Roy avoit pû trouver dans son Royaume un plus homme de bien que vous, il ne vous auroit pas donné cette Charge.*

Personne n'a jamais possedé dans une plus grande estenduë les qualitez necessaires aux places qu'il a occupées. Il eut une connoissance profonde de toute la Jurisprudence, une justice & une équité tousjours égale, & sur le tout une affabilité qui alloit jusqu'à consoler la pluspart de ceux qui avoient perdu leurs procés, charmez qu'ils estoient d'avoir esté receus & écoutez si favorablement par un tel Magistrat. Il joignit à ces grandes qualitez, essentielles à sa profession, un amour extrême pour les belles Lettres, qu'il possedoit toutes à fond & également. Il se tenoit chez luy toutes les semaines une Assemblée des plus habiles qu'il y eust en toutes sortes de Sciences. Quoyque son érudition fust universelle, son fort estoit particuliement dans la connoissance des affaires de l'Eglise, de sa Discipline, de son Histoire, & des droits de l'une & de l'autre puissance ecclesiastique & seculiere. Le Roy luy envoya tous les Livres que l'Academie des Sciences a composez & qui comprennent ce qu'il y a de plus curieux dans les Mathematiques, dans la Physique, dans la Chymie, & dans toutes les Sciences les plus abstraites & les plus curieuses. Il prit plaisir à parcourir tous ces Livres avec celuy qui les luy presenta, & il parut par la maniere dont il parla sur toutes les matieres traittées dans ces Livres, qu'il en avoit une connoissance aussi parfaite que ceux qui les ont composez. Il sembloit qu'il eust assisté à toutes leurs Assemblées, & qu'il eust donné tout son temps à chacune des Sciences, dont il y est parlé. Ayant regardé ensuite le Livre du Carrouzel de l'année 1662. & celuy des Tableaux & des Figures du Cabinet du Roy qui accompagnoient ceux de l'Academie des Sciences, il fit voir qu'il ne se connoissoit pas moins dans l'art de manier des chevaux que s'il n'eust fait autre chose que de monter à cheval, & qu'il avoit un discernement aussi juste sur la beauté & la maniere des Tableaux, dont il nommoit les Maistres dés le premier coup d'œil que s'il eust frequenté toute sa vie, les Cabinets des Curieux. Il y avoit en luy un fond de pieté & de vertu qui ne gagnoit pas moins le cœur, que les lumieres de son esprit donnoient d'admiration.

Il mourut le dixiéme de Decembre 1677. âgé de soixante ans & deux mois. Il est enterré aux Cordeliers. Son cœur fut porté à S. Leu S. Gilles auprés de Madame sa mere. Il a laissé deux enfans d'un trés-grand merite, l'un Advocat General, l'autre Maistre des Requestes, Intendant en Languedoc & Conseiller d'Estat ordinaire. Il n'y a point eu dans ce siecle de Magistrat plus universellement Sçavant, ny qui ayt eu plus d'attache & de cordialité pour les Sçavans de tout genre.

Le President de Thou

M^R LE PRESIDENT DE THOU.

LA Famille de Mr. de Thou est une des illustres Familles de la Robe. Celui dont nous faisons l'Eloge avoit recueilli comme par droit de succession toutes les bonnes qualitez de ses Ancestres, la droiture de l'ame, l'amour de la Justice, & tout ce qui forme une probité consommée, le courage, la sagesse & la science, il sembloit mesme qu'il les eut reçuës à condition de les porter à un plus haut degré de perfection, tant il prit de peine à se rendre un des premiers hommes de son siecle. Il nâquit à Paris en l'année 1553. & fit ses études aux Universitez de Paris & d'Orleans. Aprés s'y estre enrichi de la connoissance des Lettres humaines & de la Jurisprudence, il voyagea en Italie, en Flandres & en Allemagne, où il s'instruisit à fonds des mœurs, des coustumes, des interests des Princes, & de la Geographie de tous ces Pays differens : Estudes qui luy servirent merveilleusement, non seulement pour toutes les grandes negociations où il fut employé, mais pour mettre à fin aussi glorieusement & aussi utilement qu'il le fit ensuite, l'admirable Histoire qu'il nous a laissée.

Au retour de ses voyages il fut fait Conseiller & Maistre des Requestes, & peu de temps aprés President au Mortier. Ses differentes Charges luy donnerent lieu de faire voir les talens qu'il avoit receus de la Nature, & qu'il avoit cultivez par une estude continuelle. Aussi-tost que la journée des barricades eut obligé le Roy Henry III. à quitter Paris, il se rendit incessamment auprés de Sa Majesté, qui s'estant servi quelque temps de ses conseils, l'envoya en plusieurs Pays estrangers pour diverses negociations. Lors qu'il estoit à Venise, & que là il eut appris la mort malheureuse du Roy, il alla aussi-tost trouver Henry IV. qui le receut avec toutes les marques d'estime & de bienveillance imaginables, & qui l'admit dans tous ses conseils les plus secrets. Et comme un des principaux talens de ce grand homme estoit de manier les esprits par la force de son éloquence naturelle & acquise, & de les tourner comme il luy plaisoit, Sa Majesté s'en servit en plusieurs affaires tres-importantes. Il fut employé dans la Conference de Suresnes, & pour traiter avec les Deputez du Duc de Mercœur.

Le Roy luy donna la Charge de Garde de sa Bibliotheque, vacante par la mort du grand Amiot Traducteur de Plutarque. Cette illustre Bibliotheque la plus belle du monde, aprés celle du Vatican, ne tomba pas en de moins dignes mains & n'en receut pas moins d'honneur qu'elle luy en fit. Elle devint plus que jamais le reduit de ce qu'il y avoit de plus sçavans hommes & de plus vertueux parmy les gens de Lettres, & ç'a esté particulierement sous sa conduite qu'elle s'est renduë recommandable, tant par les hommes vivans qui y conferoient de toutes sortes de sciences, que par les Autheurs morts qu'on y alloit consulter.

Il fut nommé entre les Commissaires de la celebre Conference de Fontainebleau, où le Cardinal du Perron confondit luy seul Duplessis Mornay soustenu de douze Ministres les plus habiles de ce temps-là.

Pendant la Regence de la Reine Marie de Medicis, il fut un des Directeurs generaux des Finances, où sa suffisance & son integrité ne parurent pas moins que dans l'exercice de ses Charges de Judicature. Ces differens emplois capables d'occuper toute l'attention des plus habiles, ne l'empescherent pas de trouver du temps pour composer le plus grand corps d'Histoire que nous ayons, contenant dans cent trente-huit Livres tout ce qui s'est passé, non seulement dans toute la France, mais dans toute l'Europe, depuis l'année 1543. jusques en l'année 1608. avec une exactitude & une fidelité qui n'a gueres d'exemples. Il n'a jamais ny déguisé ny supprimé la verité : noble & genereuse hardiesse dont il a esté loüé de tous les grands hommes de son temps, & particulierement de Papyre Masson, qui disoit qu'il n'estoit pas possible qu'un Historien qui n'est pas sincere allast loin dans la posterité. Cet Ouvrage est digne des Anciens, & peut-estre surpasseroit-il une grande partie de ce que les anciens Romains nous ont laissé en fait d'Histoire, s'il n'avoit pas trop affecté de leur ressembler. Car cette affectation de bien parler leur langue a esté si loin, qu'elle luy a fait défigurer tous les noms propres des Hommes, des Villes, des Pays & des choses dont il parle, en les traduisant en Latin d'une maniere si estrange, qu'il a fallu adjouster un Dictionnaire à la fin de son Histoire, où tous les noms propres d'Hommes, de Villes, de Pays, & autres choses semblables qui y sont contenuës, sont retraduits en François. Secours non seulement utile, mais necessaire à ceux qui veulent avoir une parfaite intelligence de son Histoire. C'estoit l'entestement de son temps qui alloit à un tel excés, qu'au lieu de donner à la pluspart des enfans qu'on baptisoit, les noms des Apostres, des Martyrs ou des Confesseurs de l'Eglise, on leur donnoit les noms de l'Histoire profane, & mesme de la Fable de Nestor, d'Achille, d'Hercule, &c. Il mourut le 17. May 1617. âgé de 64. ans. C'est luy qui a fait eslever dans l'Eglise de S. André des Arcs, le magnifique Monument & les inscriptions qu'on y voit à la memoire de son Pere.

P. Van schuppen sculp. 1695. Cum privil. Regis
Hierome Bignon
Advocat general au Parlement de Paris

HIEROME BIGNON
ADVOCAT GENERAL.

HIEROME Bignon naſquit en l'année 1590. avec toutes les diſpoſitions que peut donner une heureuſe nature, & ſon Pere qui ſe chargea luy-meſme de ſon Inſtitution luy apprit les Langues, les Humanités, l'Eloquence, la Philoſophie, les Mathematiques, l'Hiſtoire, la Juriſprudence & la Theologie, ſans l'avoir jamais envoyé au College. Il fut élevé enfant d'honneur auprés du feu Roy Loüis XIII. qui l'eſtimoit tant, que lorſqu'il s'abſentoit de la Cour il l'envoyoit auſſi-toſt chercher, n'y ayant point de converſation qui luy pluſt tant que la ſienne.

A l'âge de dix ans il donna au public la Deſcription de la Terre-Sainte, à 13. ans les Antiquitez Romaines avec un Traité du Droit & un autre de la maniere d'élire les Papes. A 18. ans il fit imprimer un Traitté de la Preſéance des Rois de France ſur les autres Rois, pour refuter le Livre d'un Eſpagnol imprimé 5. ou 6. ans auparavant, de la Dignité des Rois d'Eſpagne. Auſſi fut-il regardé dés les premieres années de ſa jeuneſſe, comme un des plus ſçavans & des plus honneſtes hommes de ſon ſiecle. Il donna à l'âge de 23. ans des Notes ſur les Formules de Marculphe ſi pleines d'érudition, d'eſprit & de bon ſens qu'elles firent & font encore l'admiration de tous les Sçavans. Enſuite il dédia au Roy Henry le Grand un traitté de l'Excellence des Rois & du Royaume de France, qui n'eſtoit que comme le crayon d'un plus grand deſſein, auquel le Roy luy commanda de travailler; mais qui fut interrompu par la mort de ce grand Monarque. Il n'ignoroit aucune des Langues ſçavantes, ny preſque rien de tout ce qui a eſté écrit ſur quelque Science que ce ſoit.

Il fit ſa principale eſtude de la Juriſprudence civile & canonique, dont on peut dire qu'il épuiſa tous les ſecrets, & qu'il en devint luy-meſme comme une ſource intariſſable, car ſur quelque matiere qui ſe preſentaſt à examiner dans ſes Plaidoyers admirables, qui ont eſté pendant qu'il a veſcu la plus ſolide inſtruction non-ſeulement de la jeuneſſe du Barreau, mais des plus anciens Advocats & de tous les Juges meſmes, il n'y avoit rien de beau, de curieux qu'il ne rapportaſt, en ſorte que s'il y a eu quelque choſe qu'on puſt reprocher à ce grand perſonnage, c'eſt qu'il fourniſſoit tant de raiſons de part & d'autre qu'il laiſſoit ſouvent les Juges en ſuſpens ſur le party qu'ils avoient à prendre, & qu'il les ébloüiſſoit quelquefois à force de les éclairer.

Il commença à paroiſtre & à donner des marques de ſa capacité dans la profeſſion de ſimple Advocat, & il continua à ſe faire connoiſtre dans celle d'Advocat General du grand Conſeil, où ſa reputation s'accrut encore de telle ſorte que le Roy luy donna la charge d'Advocat General au Parlement, vacante par la mort de l'Illuſtre Monſieur Servin en 1641. Il remit cette Charge à Monſieur Briquet ſon gendre homme d'un merite ſingulier, & en meſme-temps le Roy le fit Conſeiller d'Eſtat; mais Monſieur Briquet eſtant mort quatre ans aprés, il reprit la charge d'Advocat General, en la fonction de laquelle il mourut au mois d'Avril 1656. aprés s'eſtre acquis une reputation qui ne mourra jamais.

Il a laissé deux enfans, l'un qui aprés avoir rempli dignement la mesme place d'Advocat General, pendant plusieurs annnées, est presentement Conseiller d'Estat, & l'autre Premier President du grand Conseil. Ils ont fait réimprimer ses Remarques sur Marculphe avec des augmentations trés-considerables. Cet Ouvrage est dans la Bibliotheque des Peres de l'Edition de Cologne, & le sieur Baluze l'a fait reimprimer en 1677. avec les Capitulaires de nos Rois. Il avoit dessein de donner des Notes sur l'Histoire de Gregoire de Tours, & une Histoire de l'Origine du Droit François, mais ces Ouvrages dont on n'a trouvé que quelques commencemens aprés sa mort, n'ont pû estre achevez à cause de l'application continuelle qu'il donnoit à l'exercice de sa charge d'Advocat General, où il n'a pas seulement fait paroistre une profondeur de Science incroyable; mais un fonds encore plus étonnant de bonté, de probité & de delicatesse de conscience, d'humilité & de simplicité; vertus d'autant plus admirables qu'elles estoient jointes à tout ce qui peut inspirer de l'orgueil & de la vanité. Le Roy Loüis XIII. luy donna en 1642. une marque particuliere de son estime en l'honnorant de la charge de Grand Maistre de sa Bibliotheque, charge qui a tousjours esté possedée par des Personnes trés-illustres dans les Lettres; mais qui ne l'a jamais esté par un homme qui en fust plus digne.

Jac. Lubin Sculp.
Nicolas Claude de Fabri de Peiresc

NICOLAS CLAUDE FABRI
DE PEIRESC.

LA race des Fabri ou Fabriciens est originaire de Pise en Italie, & passa en Provence du temps de S. Loüis, par le moyen d'un Hugues Fabri Chevalier, qui l'ayant suivi dans la Guerre Sainte, vint au retour descendre à Hieres, où il s'establit & eut des enfans celebres & dans l'Epée & dans la Robe. Le Chancelier Seguier & Monsieur de Pompadour Gouverneur du Limouzin prirent tous deux alliance dans cette famille. Celuy dont nous parlons fut fils de Renaud Fabri & de Marguerite Bompar que l'on dit avoir esté si belle que la Reyne Catherine de Medicis, lorsqu'elle passa à Aix & qu'elle y fut visitée par les Dames de qualité de la Ville, la baisa à cause de sa beauté: honneur qu'elle ne fit à aucune des autres Dames.

On a de la peine à trouver un temps où celuy dont je parle ait esté enfant; car dés les premieres années de sa vie le desir d'apprendre qui a toûjours esté en luy tres-ardent, luy fit mespriser tous les jeux & les amusemens de l'Enfance, & il ne prit plaisir qu'à écouter ce qu'on luy disoit ou d'utile ou de curieux. La sagesse luy vint de si bonne-heure, qu'à l'âge de neuf ou dix ans il conduisoit son jeune frere qui estudioit au mesme College, qui le regardoit & l'écoutoit comme son Pere & comme son Precepteur. Au sortir du College on luy donna des Maistres pour apprendre à monter à cheval, à faire des armes & à danser, mais comme toute son inclination estoit tournée du costé des Lettres, il ne faisoit ses exercices qu'en presence de ses Maistres, employant le reste du temps ou à lire ou à extraire des Livres, ou à composer. Il se mit alors dans l'estude des Medailles, des Inscriptions, des Tombeaux, & autres Monumens, & enfin de tout ce qui peut donner une connoissance exacte & particuliere de l'Antiquité. En peu de temps il surpássa les plus habiles dans cette science, & fit un amas considerable de ce qui exerce & nourrit agreablement cette loüable curiosité.

Il estudia ensuite le Droit sous les meilleurs Maistres de ce temps-là. Et parce qu'il seroit trop long de rapporter tous les genres d'estude où il s'est appliqué, je me contenteray de dire qu'il n'y a aucune espece de Litterature où il ne se soit adonné, & qu'il n'ait en quelque sorte épuisée, qu'il n'y a presque point de Bibliotheque dans l'Europe qu'il n'ait veuë & examinée, point de Sçavans qu'il n'ait connus & à qui il n'ait fait du bien, en leur faisant part ou de ses connoissances, ou de ses Livres, ou de ses Medailles, ou de sa bourse mesme; & s'il en a receu quelques bons offices, il n'a pas manqué de les leur rendre avec usure. Sa maison estoit une espece d'Academie, non seulement à cause du grand nombre de gens de lettres qui le venoient voir, mais mesme à ne la regarder que du costé de ses domestiques, qui sçavoient tous quelque chose avec distinction, jusqu'aux Laquais, dont le moindre pouvoit servir de Lecteur en un besoin, & avoit l'industrie de relier des Livres & de les relier avec une propreté singuliere.

Il eut au nombre de ses amis Baptiste de la Porte tres-profond dans la connoissance des secrets les plus cachez de la Nature, de qui il apprit tout ce qu'il sçavoit de plus curieux dans ces sortes de sciences. Il pratiqua particulierement l'excellent Peintre Rubens sur la connoissance des Medailles & sur son Art de la Peinture, dont il connoissoit toutes les finesses, ainsi que de la pluspart des autres Arts. Il vescut long-temps avec l'excellent Monsieur du Vair premier President du Parlement d'Aix où il estoit Conseiller, & se joignit à luy d'une amitié si estroite, que lorsque le Roy eut donné les Sceaux à Monsieur du Vair, il le suivit à Paris, où il n'employa jamais le credit qu'il avoit auprés de luy que pour le service de ses amis, ou pour se donner une plus facile entrée dans les Bibliotheques & dans les Cabinets où il esperoit pouvoir contenter sa curiosité. Monsieur du Vair qui luy faisoit part de ce qu'il avoit de plus secret, qui prenoit ses avis dans les affaires les plus importantes de l'Estat dont il estoit chargé, ne put jamais luy faire accepter aucun bienfait ny aucune grace de toutes celles qu'il luy offrit, qu'un fort petit Benefice.

Aprés la mort de Monsieur du Vair qui le laissa heritier de toutes ses Medailles, il retourna à Aix revoir son ancienne Bibliotheque. Là avec son frere Palamede Fabri sieur de Valane, il continua son commerce de Lettres & de Curiositez, non seulement avec tout le Monde ancien qui ne suffisoit pas à le satisfaire, mais avec tout le nouveau Monde dont on luy apportoit sans cesse des productions merveilleuses ou de l'Art, ou de la Nature. Il mourut au mois de Juin 1637. âgé de 57. ans. Il estoit de la celebre Academie des Humoristes de Rome, qui luy rendit les mesmes honneurs qu'on rend aux principaux Officiers de cette Academie, quoyqu'il ne fust que simple Academicien, son merite l'ayant emporté sur la coustume. La Salle fut toute tenduë de noir & son Buste fut posé en un lieu éminent. Jacques Bouchard Parisien, Academicien de cette Academie, fit l'Oraison funebre en Latin, Piece tres-éloquente, au milieu d'une affluence infinie de gens de Lettres & en presence de dix Cardinaux, entre lesquels estoient les deux Cardinaux Barberins. On ne sçauroit nombrer les Eloges funebres qui se firent en son honneur: On en a composé un gros Volume où il s'en trouve en quarante langues differentes ou environ. Il est enterré dans l'Eglise des Jacobins à Aix, & on lit ces paroles sur son Tombeau où ses Parens sont aussi enterrez. *Tumulus Fabriciorum.*

Jac. Lubin Sculp.
Papire Masson

PAPIRE MASSON

APIRE Maſſon nâquit au Pays de Forez dans le Bourg de S. Germain Laval le ſixiéme jour de May 1544. Son pere homme de bien & riche Marchand mourut peu de temps aprés, & ſa mere qui paſſa bien-toſt à de ſecondes nopces, ne laiſſa pas de conſerver pour luy beaucoup d'amour & de tendreſſe, elle l'envoya à l'âge de huit ans commencer ſes Eſtudes à Ville-franche, où les Sciences fleuriſſoient alors autant que la petiteſſe du lieu le pouvoit permettre. Eſtant un peu plus âgé elle le mit au College des Jeſuites de Billon en Auvergne, où pendant quatre ans il acheva ſes Eſtudes & ſe diſtingua entre ſes camarades par ſon application & par la vivacité de ſon Eſprit. Il alla enſuite à Thoulouze pour y eſtudier la Juriſprudence ſous les excellens Profeſſeurs qu'elle avoit alors, comme elle en a eu preſque dans tous les temps, mais les guerres de la Religion qui s'échauffoient extrémement dans cet endroit de la France, l'obligerent à revenir à Billon, où par un mouvement de devotion, il forma le deſſein de ſe faire Jeſuite.

Il en prit l'habit à Rome où il eſtoit allé avec Antoine Challon ſon ami intime qui eſtoit auſſi de Forez. Il y fit l'Oraiſon funebre d'un Cardinal en preſence des autres Cardinaux & d'un nombre infini d'Auditeurs avec un applaudiſſement incroyable de toute l'Aſſemblée. Il alla enſuite à Naples où il enſeigna pendant deux ans. Eſtant revenu en France il en fit autant au College de Tournon en Vivarez, & enſuite à celuy de Clermont à Paris, touſjours avec un grand ſuccés & un grand concours d'Auditeurs. Antoine Challon ſon ami qui a eſté grand Vicaire de trois Archeveſques, ayant quitté la Societé des Jeſuites, Papire Maſſon ſuivit ſon Exemple & alla enſeigner au College du Pleſſis voiſin de celuy de Clermont. Et là, dans la harangue qu'il fit à l'ouverture de ſes leçons, il rendit raiſon de ſa ſortie hors la Societé avec tant d'honneſteté & de moderation que non-ſeulement tous ſes Auditeurs; mais les Peres meſmes qu'il avoit quittez en furent trés-ſatisfaits n'ayant bleſſé par aucune parole la reputation de la Compagnie dont il eſtoit ſorti, quoyqu'en ce temps-là pluſieurs autres en faiſant la meſme démarche ſe fuſſent emportez en des invectives trés-ſcandaleuſes, Il fit une deſcription fort éloquente des nopces de Charles IX. & d'Eliſabeth fille de l'Empereur Maximilien: Ouvrage qui luy attira l'eſtime & l'amitié de tous les Gens de Lettres & des Perſonnes de la plus haute qualité.

Il alla à Angers eſtudier le Droit ſous François Balduin dont il eſtoit amy, & aprés deux ans d'Eſtude en cette Science, il revint à Paris où le Chancelier de Cheverny le prit auprés de luy & le mit dans ſa Bibliotheque. Là au milieu des plus excellens Livres que ce Chancelier faiſoit venir de tous coſtez, il augmenta beaucoup le grand fonds de connoiſſance qu'il avoit déja. Il ſe fit Advocat au Parlement de Paris où il ne plaida qu'une Cauſe qu'il gagna avec un applaudiſſement univerſel, & laquelle fut trouvée ſi conſiderable que l'Arreſt en fut prononcé en Robes rouges. Outre la qualité d'Advocat, il eut encore celle de Referendaire en la Chancellerie, & celle de Subſtitut de Monſieur le Procureur General au Parlement de Paris, Charges qu'il n'acheta point, mais qui furent données à ſon merite.

Ses principaux Ouvrages ſont une Hiſtoire des Papes, des Annales de France, des Eloges Latins des Hommes Illuſtres, la Deſcription de la France par les Fleuves, & des Commentaires ſur pluſieurs Hiſtoriens. Il compoſa tous ces Livres qui luy ont acquis tant de reputation au milieu du bruit continuel de divers Ouvriers en cuivre & en fer, dont ſa maiſon eſtoit environnée, & où il logea pendant trente-trois ans ſans en eſtre incommodé, tant l'accouſtumance a de force à faire ſupporter toutes choſes. Il eſtoit d'un eſprit gay & facile, ſincere & genereux au-de-là de ſa condition & de ſa fortune, donnant ſon temps & ſa peine pour le ſervice des grands Seigneurs, ſans en attendre d'autre récompenſe que la joye de leur faire plaiſir. Il eſtoit amy de tous les ſçavans hommes de ſon temps, & particulierement du Cardinal Baronius qui eſtimoit fort tous ſes Ouvrages ne trouvant rien à y corriger que quelques endroits dans celuy de la vie des Eveſques de Paris qu'il luy marqua; mais que Maſſon ne voulut point retrancher, s'en rapportant à la poſterité qu'il en laiſſoit Juge. Il s'appelloit Jean Maſſon. Mais parce qu'il avoit un frere du meſme nom, il ſe fit appeller Papire Maſſon. Ce changement luy fut reproché par François Hotman Juriſconſulte. Il mourut à Paris le 9. de Janvier 1611. âgé de 67.

Scevole de Sainte Marthe
President et Tresorier de france a Poitiers.

SCEVOLE DE SAINTE-MARTHE

N n'avoit garde d'oublier dans ce recueil l'Illustre Scevole de Sainte Marthe, non-seulement parce qu'il a esté un des plus excellens Hommes de ce siecle; mais parce qu'ayant fait les Eloges de tant d'Hommes Illustres, il y auroit une extrême injustice à ne luy pas rendre une partie de l'honneur qu'il a fait aux autres. Cet honneur ne luy sera pas rendu avec la mesme Eloquence que toute l'Europe a admirée dans ses Discours & dans ses Ecrits: mais ce sera avec une verité & une sincerité qui ne luy seront pas moins avantageuses que toutes les beautez & toutes les graces du bien dire. Il estoit President & Tresorier General de France à Poitiers.

Il nâquit à Loudun le deuxiéme Février de l'année 1536. d'une famille où l'esprit & la vertu sont des qualitez essentielles & hereditaires. Il estoit fils de Loüis de Sainte-Marthe Escuyer sieur de Neüilly, & de Nicole le Févre de Bisay, & petit-fils de Gaucher de Sainte-Marthe Escuyer Sieur de Villedan & de la Riviere, l'un & l'autre Hommes de Lettres & d'un Sçavoir distingué, tous Descendans d'un Nicolas de Sainte-Marthe que le Comte de Dunois fit Chevalier au siege de Bayonne en l'année 1451. & qui estoit issu de Messire Guillaume Raymond de Sainte-Marthe Chevalier Seigneur de Roquevert, qui servoit Philippes de Valois dés l'année 1350.

La force & la vivacité de l'esprit de Scevole le rendirent habile en peu de temps & luy firent acquerir des connoissances presque sans bornes. Il estoit Orateur, Jurisconsulte, Poëte & Historien. Les Langues des Sçavans luy estoient toutes trés-familieres, particulierement la Grecque, la Latine, & l'Hebraïque. Il joignit à cela les qualitez d'un parfaitement honneste homme. Il estoit bon ami, zelé pour sa Patrie, & d'une fidelité inviolable pour le service de son Prince. Il merita l'estime & les loüanges de quatre grands Rois. Henry III. s'estoit proposé, peu de jours avant sa mort, de le faire Secretaire d'Estat, & l'ayant entendu haranguer en faveur des Tresoriers de France ses Confreres qui avoient esté supprimez, les rétablit à sa consideration, & dit qu'il n'y avoit point d'Edits assez forts contre une si forte Eloquence. Henry IV. le regarda comme le plus Eloquent homme de son Royaume. Jacques Roy d'Ecosse & d'Angleterre admira ses Ecrits, & dit que Ciceron & Virgile estoient renfermez dans un seul Scevole, & le Prince de Galles Fils & Successeur de ce Monarque passant inconnu en France pour aller en Espagne visita ce Sçavant homme à Loudun, & luy dit qu'il croyoit voir tous les Sçavans, lorsqu'il voyoit Scevole de Sainte-Marthe.

Henry III. & Henry IV. le chargerent d'emplois dignes de sa suffisance & de sa probité: Et comment n'auroient-ils pas honoré un Homme qui faisoit tant d'honneur à leur Royaume? Sa constance & sa fidelité parurent avec éclat aux Estats de Blois en 1588. où il se trouva par Ordre du Roy Henry III. pour rendre service à Sa Majesté dans les occasions qui se presenteroient. Il y en eut une entr'autres bien importante. Un des principaux Chefs de la Ligue ayant remarqué qu'entre les Députez, il n'y en avoit point de plus contraires à ses desseins, ni qui témoignassent plus de fidelité pour le Roy que les Officiers, il fit proposer d'en supprimer une partie afin de les intimider & de les reduire à appuyer son party. Les Officiers qui s'apperçurent de ce piege firent un Acte de protestation qu'ils signerent au nombre de plus de trois cens, & chargerent le Sieur de Sainte-Marthe de le presenter & de porter la parole pour eux. Il entreprit une action si genereuse, mesmes au peril de sa vie, & renversa les desseins qu'on avoit formez contre le service du Roy. Il donna encore depuis des marques de sa fidelité par sa conduite & par ses sages avis en l'Assemblée des Notables convoquée à Roüen par l'Ordre du Roy Henry IV. pour remedier aux desordres qui s'estoient glissez dans son Estat pendant les Guerres civiles. Son integrité parut lorsqu'il fut fait Intendant des Finances dans l'Armée de Bretagne sous le Duc de Montpensier, & son zele pour la Religion dans la Commission qu'il exerça par Ordre du Roy en Poictou & ailleurs avec le Chancelier de l'Hospital, pour faire joüir les Catholiques de leurs biens, dont ils avoient esté depossedez & pour restablir l'exercice de la Religion Catholique dans les Villes occupées par ceux de la Religion Pretenduë Reformée. La Reduction de Poictiers sous l'Obeïssance de Henry IV. fut son Ouvrage & un de ses plus signalez Services. Loudun, dont il empescha la ruine, le regarda comme le Pere de la Patrie, & luy en donna mesme le surnom. Il y mourut le 29. Mars 1623. âgé de 87. ans regretté de tout le Royaume. Un grand nombre de grands Personnages firent alors son Eloge, entre lesquels se signalerent principalement Baif, Joseph Scaliger, Juste Lipse, Casaubon, Jean d'Aurat, le President de Thou, Janus Douza, Rapin & Pasquier.

Ses principaux Ouvrages furent les Eloges des Hommes Illustres & un Poëme de la maniere de nourrir les enfans à la mammelle avec ce titre: *Pædotrophia, seu de puerorum educatione Libri III.* Ce Poëme fut imprimé dix fois pendant sa vie, & environ autant de fois depuis sa mort. Il fut lû & interpreté dans les Universitez les plus celebres de l'Europe, avec la mesme veneration qu'on a pour les Auteurs anciens. Il composa divers autres Poëmes Latins & François.

Il eut de Renée de la Haye sa femme plusieurs enfans trés-dignes de luy, mais particulierement ceux-cy. Abel de Sainte-Marthe Conseiller d'Estat & Garde de la Bibliotheque de Fontainebleau, homme Sçavant & Eloquent, qui composa d'excellens Ouvrages imprimez en partie avec ceux de son Pere: & Scevole & Loüis de Sainte-Marthe freres jumeaux nez à Loudun le 20. Decembre 1571. Ils furent tous deux Historiographes de France; mais si semblables de corps, d'esprit & d'inclination, qu'on les prenoit souvent l'un pour l'autre & qu'ils passerent toute leur vie ensemble dans une parfaite union. Ils estoient comme les Oracles de la France pour l'Histoire & pour les belles Lettres. Nôtre Monarchie leur sera éternellement redevable de l'Histoire Genealogique de la Maison de France en deux gros Volumes, Ouvrage incomparable & auquel ils travaillerent conjointement pendant cinquante années. L'Eglise de France ne leur doit pas moins pour l'Histoire de tous ses Prelats qu'ils ont faite sous le titre de *Gallia Christiana.* Comme tous les hommes de cette Famille ont esté trés-Illustres, il auroit fallu faire icy douze ou quinze Eloges au lieu d'un : mais aussi comme ils ont possedé les mesmes grandes qualitez, on peut dire que l'Eloge du grand Scevole peut en quelque façon servir à tous les autres.

Edelinck Sculp. C.P.R.
Paul Pelisson
Maistre des Requestes et de l'Academie francoise.

PAUL PELLISSON FONTANIER DE L'ACADEMIE FRANÇOISE.

AUL PELLISSON FONTANIER nâquit à Beziers en l'année 1624. Son Pere estoit Conseiller à la Chambre de l'Edit de Languedoc. Son grand Pere Conseiller au Parlement de Thoulouse, & son Bisayeul premier President au Parlement de Chamberi, aprés avoir esté Maistre des Requestes, Ambassadeur en Portugal, & Commandant pour le Roy en Savoye quand François I. s'en rendit le Maistre.

Monsieur Pellisson avoit un si beau naturel pout l'Eloquence & pour la Poësie, qu'il surpassa aisément tous les compagnons de ses études; & comme il n'estoit pas possible qu'un aussi beau Genie & d'aussi grande étenduë demeurast enfermé dans une Ville de Province, il vint à Paris dés qu'il en put obtenir la permission de ses Parens, & fit connoissance avec tout ce qu'il y avoit alors de personnes distinguées par la beauté de leur esprit ou par la profondeur de leur Science. Des affaires domestiques l'obligerent de retourner à Castres, d'où il revint peu de temps aprés, mais si défiguré par la petite verole & par une fluxion maligne qui luy tomba sur le visage, que ses amis eurent de la peine à le reconnoistre. Cependant comme son esprit n'estoit point changé, & que mesme le temps y avoit encore ajousté de la vivacité & de la force, il n'en fut pas moins consideré ni recherché de tout le monde. Le merite de Mademoiselle de Scudery déja connu par ses Ouvrages, quoyqu'elle ne les avoüast pas & qui attiroit l'admiration de tout le monde, malgré tous les voiles dont sa Modestie taschoit de le cacher, le toucha particulierement & luy fit souhaiter avec ardeur d'avoir son estime & sa bienveillance. Ce souhait fut reciproque, & ils ont conservé jusqu'à la mort une amitié l'un pour l'autre, qui n'a gueres d'exemple pour sa durée & pour sa solidité. Dans les premieres années de sa jeunesse il composa un nombre presque infini de Poësies agreables & de petites Pieces en Prose les plus ingenieuses qu'ont ayt jamais veuës, qui ont fait les delices de Paris & de toute la France pendant un fort long-temps.

Il composa entr'autres choses l'Histoire de l'Academie Françoise d'un stile dont on ne peut trop loüer la justesse & la briéveté dans un temps où l'on estoit ordinairement diffus. Cette Histoire est un modelle en ce genre d'écrire. L'Academie touchée de l'honneur qu'il luy faisoit, luy donna une place dans son Corps, quoyqu'il n'y en eust point de vacante: Faveur qui n'avoit point d'exemple, & qui apparemment n'en aura plus, estant difficile qu'un autre homme fasse à l'avenir quelque chose pour elle qui merite une semblable reconnoissance. Monsieur Foucquet Procureur General & Surintendant des Finances, fort sensible aux talens de l'esprit & qui luy connoissoit un grand fonds de bon sens, voulut l'avoir auprés de luy & l'employa dans les affaires. La disgrace de Monsieur Foucquet estant arrivée peu de temps aprés causa sa ruine entiere & le fit mettre à la Bastille. Ses amis regarderent comme un tres-grand malheur ce terrible changement de fortune, quoyqu'ils ne doutassent point de son innocence, & ils ne pouvoient trop déplorer sa captivité qui dura plus de cinq années. Cependant ce long ſejour dans une priſon a eſté toute la ſource de ſon bonheur, & l'on ne ſçauroit trop admirer la conduite de Dieu ſur luy. La Providence qui vouloit le convertir & enſuite en former un des plus forts & des plus ſolides deffenſeurs de la Foy Catholique, aprés luy avoir donné le temps de ſe former un excellent ſtile dans l'eſtude des Lettres humaines & dans l'exercice de l'éloquence, le mit dans cette ſolitude pour luy faire faire les reflexions, les lectures & les eſtudes neceſſaires à un employ ſi important. Il y leut non ſeulement toute l'Ecriture Sainte, avec ſes Commentaires, mais tous les Peres de l'Egliſe. Il lut auſſi preſque tous les Livres de Controverſe. Pour ſe délaſſer il compoſa un Poëme de plus de treize cens Vers ſous le titre d'Alcimedon, & comme il n'avoit ni papier ni encre, il l'écrivit tout entier ſur des marges de Livres avec de petits morceaux de plomb qu'il prenoit aux vitres de ſa chambre.

Lors qu'il eut recouvré ſa liberté, il abjura ſon hereſie dans l'Egliſe de Chartres, & ſe donna tout entier à compoſer des Ouvrages pour la Converſion de ſes freres errans. Le Roy qui avoit eu tousjours beaucoup d'eſtime pour luy, voulut qu'il s'attachaſt auprés de ſa Perſonne, & connoiſſant la beauté & la delicateſſe de ſa plume, le chargea d'écrire l'Hiſtoire de ſon Regne. Ceux qui ont leu ce qu'il en a compoſé, aſſeurent que rien n'eſt plus beau dans ce genre d'écrire. Il fut receu Maiſtre des Comptes à Montpellier en 1655. aprés avoir negocié le reſtabliſſement de cette Compagnie qui avoit eſté interdite en 1670. Il ſe fit Maiſtre des Requeſtes en 1674. Il fut nommé Oeconome de Cluni & de S. Germain des Prez en 1675. En 1676. il fut préposé à l'adminiſtration du tiers des Oeconomats ; & en 1679. il fut fait Oeconome de S. Denis. Sa fortune changea pluſieurs fois, mais ſon cœur demeura tousjours le meſme. Ce qui peut abbatre, ce qui peut corrompre luy laiſſa toute ſa fermeté & toute ſa droiture. Ce fut luy qui pour ſatisfaire à la paſſion qu'il avoit pour la gloire du Roy, propoſa à l'Academie Françoiſe de donner un Prix de Poëſie comme elle en donne un de Proſe, & de le donner à celuy dont l'Ouvrage en Vers auroit le mieux celebré les loüanges du Roy. Ce prix eſt une Medaille d'or de 300. livres, dont il faiſoit la dépenſe & que l'Academie a continué de faire aprés ſa mort.

Il fit des preſens conſiderables à diverſes Egliſes pour marquer ſa foy ſur le myſtere de l'Euchariſtie, qui avoit eſté long-temps le plus grand obſtacle de ſa converſion, entr'autres d'une lampe d'argent de 2000. livres qu'il donna aux Filles de la Viſitation de la ruë S. Antoine pour éclairer nuit & jour devant le S. Sacrement. Ce don n'a eſté ſçu qu'aprés ſa mort. Tous les ans il celebroit le jour de ſa réunion à l'Egliſe en s'approchant des Sacremens; & depuis ſa ſortie de la Baſtille, il ne laiſſa point paſſer d'année ſans délivrer quelque priſonnier. Ses principaux Ouvrages de Proſe, ſont l'Hiſtoire de l'Academie Françoiſe; un Panegyrique du Roy prononcé dans la meſme Academie, lequel a eſté traduit en Latin, en Eſpagnol, en Italien, en Anglois & meſme en Arabe par le Patriarche du Mont-Liban: La Preface des Oeuvres de Sarraſin: Les Reflexions ſur les differens de la Religion en quatre Volumes & une eſpece de Manuel de courtes Prieres pour dire pendant la Meſſe: Il travailloit à un Traité ſur l'Euchariſtie quand il fut prevenu de la mort le 7. Fevrier 1693. de ſorte qu'on peut dire qu'il eſt mort en combattant pour la Religion.

Iac. Lubin sculp.
Pierre du Puy
Garde de la Bibliotheque du Roy

PIERRE DU PUY
GARDE DE LA BIBLIOTHEQUE DU ROY.

L seroit mal-aisé de dire si c'est du costé du Sçavoir ou du costé de la Vertu que celuy dont je parle a merité davantage d'estre consideré. L'Employ de Garde de la Bibliotheque du Roy, dont il estoit infiniment digne est un préjugé de sa suffisance, & ses Ouvrages, qui font l'admiration des Sçavans, en sont une preuve, qui ne peut estre contestée.

A l'égard des mœurs, il n'y en eut jamais de plus douces, de plus reglées, ni de plus aimables; beaucoup de pieté & de modestie, une humeur obligeante, une parfaite integrité & un amour trés-ardent pour sa Patrie formerent son caractere. Il avoit encore un discernement admirable pour les affaires; quelques embarrassées qu'elles fussent, il trouvoit d'abord le point qui les décidoit. M. le President de Thou son Allié qui se connoissoit si bien en hommes de merite n'avoit point de plus grand plaisir que de s'entretenir avec luy, & Monsieur Rigault fut admis pour tiers dans leurs sçavantes Conversations.

On peut dire que la passion dominante de Monsieur Du Puy estoit l'amour de sa Patrie. Presque tous ses Ouvrages ne tendent qu'à luy faire honneur, qu'à en faire valoir, & à en relever les avantages. Aussi dés qu'il fut de retour d'un Voyage qu'il fit en Hollande avec M. Thumery de Boissise envoyé par le Roy; où il renouvella l'amitié que son Pere avoit entretenuë avec tous les sçavans Hommes des Pays-bas, il travailla à la recherche des Droits du Roy & à l'Inventaire du Tresor des Chartres, dont l'examen, qu'il fit soigneusement, luy donna une parfaite connoissance de tout ce qui regarde nostre Histoire. Il embrassa avec une joye incroyable la commission qui luy fut donnée de justifier avec Messieurs le Bret, & de Lorme, les Droits du Roy sur les trois Eveschez de Metz, Toul, & Verdun, & les usurpations du Duc de Lorraine sur ces mesmes Eveschez. Tout le poids de cette Commission tomba sur luy, il en dressa tous les Inventaires raisonnez, & fournit quantité de Traittez & de Memoires pour la verification des justes prétentions de la France.

Pour estre convaincu de son amour pour sa Patrie, & de son zele pour l'avantage de la Couronne, il ne faut que lire les titres de ses Ouvrages, dont voicy une succinte énumeration. *Traittez touchant les Droits du Roy sur plusieurs Estats & Seigneuries: Recherches pour montrer que plusieurs Provinces & Villes du Royaume sont du Domaine du Roy; Preuves des libertez de l'Eglise Gallicane; de la Loy Salique; Que le Domaine de la Couronne est inalienable; Traitté des Appanages des Enfans de France; Memoire du Droit d'Aubeine*, & plusieurs autres de la mesme nature. Il n'avoit pas de plus grande joye que lorsqu'il découvroit un Titre qui ajoûtoit quelque chose à la gloire du Royaume, ou qui luy estoit de quelque utilité. C'estoit une espece de Conqueste à son égard qui luy donnoit plus de plaisir, que s'il avoit augmenté son propre Patrimoine.

Il mourut à Paris le vingt-sixiéme Decembre 1651. âgé de 69. ans. M. Rigault écrivit sa vie, où l'on peut voir plus au long les qualitez admirables de cet excellent Homme. Monsieur Valois fit son Oraison funebre, & presque tous les sçavans Hommes de son temps firent son Eloge. Il donna sa Bibliotheque au Roy, aprés avoir accrû celle de Sa Majesté d'un trés-grand nombre de Livres tant imprimez que manuscrits. Luy & son frere prirent soin de la Bibliotheque de M. de Thou aprés sa mort, & la rangerent de la maniere qu'on la voit dans le Catalogue imprimé en 1679. qui est le plus beau modelle dont on puisse se servir pour dresser une Bibliotheque.

Son frere Jacques Du Puy Prieur de S. Sauveur prit le soin de l'édition de ses Ouvrages posthumes & fut Garde de la Bibliotheque du Roy aprés sa mort. Il continua à entretenir les doctes Conferences qui s'y faisoient tous les jours, & où ce qu'il y avoit de plus habiles Gens & de grands Personnages pendant la vie de tous les deux, prenoient un extrême plaisir de se trouver. Il nous reste une infinité d'excellentes choses qui ont esté dites dans ces Conferences & qui sont venuës à nous sous les titres de *Puteana*, de *Thuana* & de *Perroniana*. Ces Conferences estoient si estimées & le Public témoigna un si grand regret de les voir finir, que M. de Thou les continua dans son Cabinet jusqu'à la vente de sa Bibliotheque, aprés quoy M. Salmon Garderoolle des Offices de France qui avoit entrée dans ces Conferences, les a tenuës chez luy jusqu'à sa mort, & M. de Villevault son gendre Maistre des Requestes reçoit presentement dans la mesme maison cette Assemblée qu'on appelle encore le Cabinet, parce qu'elle s'appelloit ainsi du temps qu'elle se tenoit dans le Cabinet de M. de Thou.

Arnauld D'Andilli

ROBERT ARNAULD
SEIGNEUR D'ANDILLY.

A Famille de Monſieur Arnauld d'Andilly ne s'eſt pas renduë ſeulement celebre par la Science & par les Lettres, mais encore par la valeur & par les armes. Son Ayeul Arnauld de la Motte originaire d'Auvergne ſe ſignala en pluſieurs rencontres pour le ſervice de nos Roys. Son Fils aiſné, dont le Chaſteau de la Motte fut bruſlé par les Troupes des Ligueurs, aprés avoir donné d'illuſtres marques de ſon courage à la bataille d'Iſſoire en l'année 1590. y fit priſonnier le General de l'Armée des Ennemis. Pierre Arnauld qui eſtoit auſſi ſon Oncle fut Meſtre de Camp du Regiment de Champagne, General des Carabins, & Gouverneur du Fort-Loüis, & ſe diſtingua fort à la priſe de la Rochelle. Ce Capitaine eut tant de genie pour la Guerre, que le Roy Loüis XIII. voulut que la nouvelle maniere dont il fit armer le Regiment qu'il commandoit, de meſme que l'exercice & la diſcipline qu'il y faiſoit obſerver, fuſſent ſuivies dans le reſte de ſon Infanterie.

Celuy dont nous parlons n'eut pas moins de courage ni de grandeur d'ame, quoyque dans une Profeſſion differente. Il nâquit à Paris en l'année 1589. d'Antoine Arnauld Procureur General de la Reine Catherine de Medicis, qui montra tant de force d'eſprit, tant d'érudition & tant d'éloquence dés les premieres actions qu'il fit au Barreau, que ſa memoire y ſera éternellement en veneration. M. Marion Avocat General luy fit épouſer ſa Fille qui eſtoit tres-riche, & ce mariage fut beni par la naiſſance de pluſieurs enfans d'un merite extraordinaire, entre-autres de celuy dont nous parlons, de Henry Arnauld Eveſque d'Angers, dont la pieté & le zele epiſcopal ſerviront éternellement de modelle aux plus parfaits Eveſques, d'Antoine Arnauld Docteur de Sorbonne connu de tout le monde, & de ſix filles toutes Religieuſes à Port-Royal des Champs.

M. d'Andilly leur aiſné parut à la Cour eſtant encore fort jeune & y parut digne des plus grands emplois. Il en ſouſtint depuis de tres-importans avec beaucoup de ſuffiſance & une tres-exacte probité. Sa maniere d'agir avec les Princes & les Rois meſmes a eſté toute ſinguliere. Car ayant le cœur grand, l'eſprit noble & toute l'autorité que peut s'attirer une mine avantageuſe & propre à ſe faire reſpecter, joints à une reputation tres-établie, & à une ſageſſe conſommée, il leur parloit avec une grande liberté, qui pleine de circonſpection leur a touſjours eſté trés-agreable, parce qu'ils eſtoient perſuadez de ſa ſincerité, de ſon zele pour leur ſervice & de la droiture de ſes intentions. Le bien public faiſoit ſur ſon ame la meſme impreſſion que l'intereſt particulier fait ordinairement ſur celle des autres. Il prit plaiſir à ſe ſervir du credit que ſon merite luy donnoit pour favoriſer l'honneur & la juſtice, & pour faire autant qu'il le pouvoit, que la vertu fuſt auſſi heureuſe qu'elle meritoit de l'eſtre. Comme ces grandes qualitez qui viennent plus du Ciel que de la Terre l'avoient touſjours porté à mépriſer ce que le monde promet de plus grand, il le quitta à l'âge de 55. ans & ſe retira à l'Abbaye de Port-Royal des Champs, où ſa mere, six de ses sœurs & six de ses filles estoient Religieuses. Cette circonstance qui marque sur une famille une des plus grandes & des plus visibles benedictions de Dieu est tellement singuliere que je ne croy pas qu'elle ayt d'exemple. C'est pendant cette retraitte, laquelle a duré 30. ans, qu'il a enrichi l'Eglise des beaux Ouvrages qu'on voit dans les mains de tout le monde, & qui sont en telle quantité qu'on en a imprimé huit Volumes in folio. Ce sont la plusꝑart des Histoires Saintes tirées des plus excellens & des plus fideles Originaux, ou des Traductions admirables des plus beaux Ouvrages des Peres de l'Eglise; Le tout écrit avec une extrême élegance & une trés-grande pureté de langage, & sur tout avec une force & une onction qui marquent en mesme-temps & la generosité naturelle de son ame & la grace de l'Esprit Saint dont il estoit animé.

A l'exemple de ces Illustres Romains qui cultivoient leurs champs, lorsque les affaires de la Republique leur permettoient de s'y appliquer. Il se pleust extrêmement au jardinage aux heures de son loisir. Il philosopha si profondement sur la nature des Arbres, sur ce qui leur est propre ou contraire, & par les diverses observations qu'une longue experience luy fit faire, il en prit une si parfaite connoissance que personne jusqu'à luy n'a porté plus loin cet Art aimable & innocent.

Il semble que Dieu ayt voulu récompenser sur la fin de sa vie son parfait desinteressement. Car le Roy instruit du merite & de la capacité de Monsieur Arnauld de Pomponne son fils le fit Ministre & Secretaire d'Estat, lorsqu'il estoit Ambassadeur en Suede, & ce choix fit plaisir à toute la France. Monsieur d'Andilly a vescu prés de 86. ans dans une vigueur parfaite & de corps & d'esprit, aimant ses Amis avec tendresse & ayant esté aimé d'eux avec respect, heureux selon le monde, & mille fois plus heureux selon Dieu, qu'il a tousjours preferé à toutes choses, n'ayant rien desiré ardemment sur la Terre que l'Eternité, dans laquelle il est entré le vingt-troisiéme Septembre 1674. par une mort trés-sainte & conforme à toute sa vie.

Antoine Rossignol
Me. des Comptes

ANTOINE ROSSIGNOL
MAISTRE DES COMPTES.

ON a tousjours regardé comme une chose admirable que les hommes ayent trouvé le moyen de se communiquer leurs pensées toutes spirituelles qu'elles sont, par des caracteres corporels, & qui d'eux-mesmes n'ont aucune ressemblance avec les choses qu'ils signifient; mais si l'on a lieu de s'estonner qu'un homme devine la pensée d'un autre par ces caracteres, lors même qu'ils sont formez pour la donner à entendre; combien est-il plus surprenant qu'il ayt l'industrie de la deviner, lorsque ces mêmes caracteres ont esté faits pour la cacher & la derober à sa connoissance. Cependant c'est ce que font tous les jours ceux qui ont l'art de dechifrer; secret si admirable qu'il n'y a que l'accoustumance de le voir pratiquer qui empesche qu'on n'y croye du miracle. Entre ceux qui ont eu ce talent, personne ne l'a possedé au point de perfection qu'on a remarqué dans celuy dont je parle.

Il nâquit dans la Ville d'Alby le premier jour de l'année 1600. & ses Parens, les plus considerables de cette Ville, eurent un trés-grand soin de son éducation. Il s'appliqua fortement à l'estude des Sciences les plus difficiles, & particulierement des Mathematiques, où son esprit vif & penetrant au-de-là de ce qu'on peut s'imaginer, luy fit découvrir en peu de temps ce qu'elles ont de plus caché & de plus curieux; il parvint par la connoissance exacte de ces Sciences, & principalement par la force de son genie à deviner toutes sortes de chifres, sans en avoir presque trouvé un seul pendant toute sa vie qui luy ayt esté impenetrable. Ce fut en l'année 1626. & au Siege de Realmont Ville de Languedoc alors en la puissance des Huguenots, qu'il fit son premier coup d'essay. Elle estoit assiegée par l'armée du Roy que commandoit M. le Prince de Condé, & elle faisoit une telle resistance que ce Prince estoit sur le point de lever le Siege, lorsqu'on surprit une Lettre des Assiegez escrite en chifre, où les plus habiles en l'art de déchifrer ne peurent rien comprendre; Elle fut donnée à M. Rossignol qui l[a] déchiffra sur le champ, & dit que les Assiegez mandoient aux Huguenots de Montauban qu'ils manquoient de poudre, & que s'il n'y estoit pourvû incessamment ils se rendroient aux Ennemis. Le Prince de Condé envoya aux Assiegez leur Lettre déchiffrée, ce qui les obligea de se rendre dés le jour mesme. La chose ayant esté rapportée au Cardinal de Richelieu, il fit venir à la Cour Monsieur Rossignol qui donna des preuves si estonnantes de son habileté, que ce grand Cardinal malgré son genie extraordinaire qui l'empeschoit d'admirer bien des choses, ne pouvoit neantmoins se lasser d'en marquer de l'estonnement. Il servit trés utilement pendant le Siege de la Rochelle, en découvrant les secrets des Ennemis par leurs Lettres interceptées qu'il déchiffroit toutes sans presque aucune peine. Ce grand Ministre récompensa son merite de plusieurs bienfaits, & le Roy Loüis XIII. le recommanda en mourant à la Reine, comme un homme des plus necessaires au bien de l'Estat. Le Roy qui connoist si parfaitement les talens des hommes l'a tousjours honoré d'une estime trés-particuliere qu'il a marquée par des graces continuelles & par une pension considerable qui luy a esté continuée pendant toute sa vie. Il est vray qu'on ne sçait point en détail ni le nombre, ni l'importance des services qu'il a rendus, les conspirations qu'il a découvertes, les Villes dont ses lumieres ont facilité la Conqueste, celles qu'il a empesché d'estre prises, les batailles gagnées, & les deffaites évitées en apprenant par son moyen les desseins, les entreprises, & toutes les pensées des Ennemis, parce qu'il a gardé là-dessus un silence inviolable; mais l'ignorance où nous sommes de ces services à une si belle cause, qu'elle ne luy est pas moins honnorable que la connoissance de ce qu'il a fait pour le bien du Royaume.

Il a servi l'Estat pendant cinquante-six années, & il a servi Dieu pendant toute sa vie qu'il a passée dans une meditation presque continuelle de l'Ecriture-Sainte, autant reservé à vouloir sonder les secrets que Dieu s'est reservé à luy seul & qu'il est bon que nous ignorions, qu'il estoit vif à penetrer les secrets des hommes qu'il est utile de sçavoir; autant humble & soûmis dans les choses de la foy qu'il estoit superieur dans toutes celles qui sont du ressort des sens & de la raison. Le Roy luy fit l'honneur d'aller voir en revenant de Fontainebleau sa maison de Campagne à Juvizi qui estoit fort belle. Monsieur Rossignol receut Sa Majesté avec un tel excés de joye: (car jamais personne n'a eu plus que luy de zele pour son Prince) que le Roy qui s'en apperceut, & qui craignit qu'il ne s'en trouvast mal dans l'âge avancé où il estoit, eut la bonté d'ordonner à son Fils qui le suivoit de le quitter, & de s'aller rendre auprés de son Pere pour avoir soin de sa santé. Il mourut peu de temps aprés âgé de quatre-vingt-trois ans; mais d'une mort si douce & si tranquille qu'on ne pouvoit pas douter qu'elle ne fust un passage à la vie bienheureuse. Il avoit l'ame grande & desinteressée, il fut plus à ses Amis qu'à luy-mesme, & sa principale attention estoit de leur faire plaisir. Il espousa Catherine Quentin de Richebourg dont il a laissé deux enfans Charles Bonaventure Rossignol Seigneur de Juvizy & President à la Chambre des Comptes de Paris, & Dame Marie Rossignol femme de Monsieur Croiset President en la quatriesme Chambre des Enquestes.

Jac. Lubin sculp.
René Deſcartes.

RENÉ DES CARTES

PHILOSOPHE.

CEux qui ont eu la force de faire changer de face aux choses qu'ils ont trouvé establies dans le monde, ont tousjours esté considerez, comme des Hommes extraordinaires, sur tout lorsque ce changement estoit difficile à faire, ou d'une utilité considerable. Suivant ce principe on doit estimer beaucoup celuy dont je parle. La Philosophie d'Aristote estoit establie par tout & de telle force qu'il n'estoit pas permis d'aller contre le sentiment & les décisions de ce Philosophe. La Raison mesme ne tenoit pas devant luy, & il falloit qu'elle se teust dés qu'il parloit. Cependant Des cartes a avancé des maximes toutes differentes des siennes: Il a pris dans la Physique des routes toutes opposées, & il a eu la force de les faire preferer par les trois quarts du monde à celles d'Aristote, qui jusqu'à luy avoient paru les seules veritables.

Il fut fils de Joachim Des cartes Conseiller au Parlement de Bretagne & nâquit à la Haye en Touraine le 31. Mars de l'année 1596. L'inclination naturelle qu'il avoit à vouloir connoistre les causes de toutes choses, & les questions continuelles qu'il faisoit à son pere pour s'en instruire faisoient qu'il l'appelloit ordinairement son Philosophe. Lorsqu'il se trouva assés fort pour commencer ses Estudes, car il estoit né fort delicat, son pere le mit au College de la Fleche sous la conduite du Pere Charlot son parent, & ensuite sous celle du Pere Dinet depuis Confesseur des Rois Henry IV. & Loüis XIII. Il surpassa tous ses Compagnons dans tout ce qu'on leur enseignoit, & particulierement dans la Poësie qu'il a tousjours beaucoup aimée. Il aimoit aussi avec passion la lecture de tous les bons Livres sur quelque matiere que ce fust, contre la coustume de plusieurs Philosophes qui méprisent tout ce qui n'est pas Philosophie ou pure Mathematique. Outre l'Estude des belles Lettres qu'il fit au College, il y fit aussi des Amis qu'il conserva toute sa vie, entre-autres Marin Mersenne qui fut depuis Minime, grand amateur de la Philosophie & des Mathematiques, & qui estoit comme son resident à Paris pour ses affaires de Philosophie. Il acheva ses Estudes à l'âge de 16. ans peu satisfait de ce qu'il y avoit appris. Il ne voulut retenir de la Logique qu'on luy avoit enseignée que les quatre principes qui suivent: Qu'on ne doit tenir pour vray que ce qui est trés-évident; Qu'il faut diviser les choses pour les connoistre; Qu'il faut conduire ses pensées par ordre; Et qu'il ne faut rien omettre dans ce qu'on divise. Il en fit de mesme de la Morale, dont il ne voulut retenir que ces quatre maximes: Qu'il faut obéïr aux Loix & aux Coustumes de son Pays; Qu'il faut estre ferme dans ses resolutions, & suivre aussi constament les opinions douteuses, quand on s'y est une fois determiné, que les plus asseurées; Qu'on doit travailler plustost à se vaincre soy-mesme qu'à vaincre la fortune; Et qu'il faut rechercher la Verité sur toutes choses, & en faire son principal Employ sans blâmer les occupations des autres.

En entrant dans le monde il se jetta dans le Jeu & dans les autres divertissemens de la Jeunesse, dont il se lassa bientost, & qu'il quitta pour faire de l'Estude de la Verité, & son employ & son plaisir. Pour cet effet il chercha la solitude pendant toute sa vie, & si ses talens extraordinaires ne luy avoient attiré des Amis qui alloient le deterrer quelque part où il se cachast, soit à Paris dans l'extrêmité des Fauxbourgs, soit en Hollande dans les lieux les plus retirez, entre lesquels le Village d'Egure fut celuy, où il demeura le plus long-temps à diverses reprises, il auroit passé toute sa vie éloigné du monde, content des découvertes qu'il faisoit dans toutes les Sciences. Quoyqu'il eust beaucoup leu, il prétendoit devoir uniquement ce qu'il sçavoit à ses meditations, & qu'il auroit escrit les mesmes choses que nous avons de luy, quand il n'auroit jamais estudié. Il a examiné à fonds toutes les parties de la Philosophie, particulierement la Physique & la Metaphysique. Il establit comme premier principe de connoissance: *Je pense, donc je suis.* Principe d'une évidence incontestable dont il en déduit d'autres, & de ceux-là une infinité de propositions, qui par l'enchaisnement necessaire qu'elles ont, ou qu'elles paroissent avoir les unes avec les autres, se font recevoir de l'esprit d'une maniere presque invincible.

A l'égard de la Physique, n'estant point content de celle d'Aristote, laquelle explique toutes choses par le moyen des qualitez qu'elle donne aux Agens sans se mettre en peine des moyens, dont ces Agens se servent pour operer, & qui est plustost une Metaphysique qu'une Physique, il trouve des causes mechaniques de tout ce que fait la Nature, & il l'a fait travailler dans ses Ouvrages à peu prés de la mesme sorte que l'Art, qui est son Imitateur, travaille dans les siens; par ce moyen il satisfait l'esprit qui voit des choses, au lieu que dans la Philosophie d'Aristote on n'entend souvent que des paroles. Que s'il n'a pas connu toutes les merveilles de la Nature, il a mis ceux qui viendront aprés luy sur les voyes de les connoistre autant que l'Homme en peut estre capable. Il eut pour Amis tous les Sçavans Hommes d'un merite distingué, à la reserve de ceux que sa maniere nouvelle de philosopher souleva contre luy; car la hardiesse qu'il eut d'establir des Maximes contraires à celles des Anciens, luy suscita des Ennemis qui luy ont fait une guerre continuelle, mais dont il a tousjours triomphé par la solidité de son raisonnement, de mesme que par la moderation de son esprit. Il traitta tousjours les Questions de Philosophie en honneste Homme, avec sincerité & prest d'embrasser la Verité par tout où l'on luy feroit voir qu'elle seroit. Il fut estimé & aimé de tous ceux qui le connurent. La Reine de Suede le voulut avoir auprés de sa Personne, & elle devint si passionnée de sa Philosophie qu'elle luy donnoit tous les jours une partie considerable de son temps, se levant pour y vacquer à cinq heures du matin. Elle le consultoit mesme dans les affaires de consequence. Il tomba malade à Stocholm & y mourut le onziéme Février 1650. à quatre heures du matin âgé de 53. ans. Monsieur Dalibert Secretaire du Roy eut tant d'estime pour luy, que pour faire honneur à sa Memoire, (quoyqu'il ne le connust que de reputation & par ses Ouvrages,) fit apporter de Stocholm à Paris son corps embaumé & le fit enterrer dans l'Eglise de sainte Genevieſve aprés un service solemnel, où tous les Sçavans furent invitez, & y fit mettre une Epitaphe. Sa vie a esté escrite & est dans les mains de tout le monde: C'est pourquoy je n'entreprendray pas de rapporter icy tout ce qui luy est arrivé de considerable, ny tous les Ouvrages qu'il a composé.

ANTOINE LE MAISTRE ADVOCAT.

IEN ne seroit plus avantageux pour former l'Eloge de Monsieur le Maistre, que de marquer la gloire qu'il s'est acquise par son Eloquence, s'il ne luy estoit encore plus glorieux d'avoir renoncé à cette mesme gloire par un mouvement d'humilité Chrétienne. Il nâquit le 2. May de l'année 1608. Son pere Isaac le Maistre estoit Maistre des Comptes, & sa mere Catherine Arnauld estoit sœur de Monsieur d'Andilly, de Monsieur l'Evesque d'Angers, & de Monsieur Arnauld Docteur de Sorbonne.

Il commença à plaider à vingt & un an, & il s'y prit d'une maniere qui n'avoit point encore eu d'exemple dans le Barreau. Il y apporta l'Eloquence de l'ancienne Grece & de l'ancienne Rome, dégagée de tous les vices que la barbarie de nos Peres y avoit introduite. Ce fut un nouveau Ciel & une nouvelle Terre dans le bel Art de la parole. Monsieur le Chancelier Seguier le choisit, quoyqu'il n'eust encore que 28. ans, pour presenter ses Lettres au Parlement & aux autres Cours superieures. Il y a prés de soixante ans que les Harangues qu'il prononça alors ont esté faites, & elles sont neantmoins dans une aussi grande pureté de langage que si elles venoient d'estre composées. C'est une chose surprenante que cet excellent Homme ayt sçû non seulement se deffendre des vices & des deffauts de son temps, des jeux de mots, & des antitheses, qui faisoient alors les délices de l'Orateur & de ses Auditeurs; mais que par la force de sa raison il ayt preveu & comme saisi par avance la maniere parfaite de s'exprimer, qui n'a esté en usage qu'aprés une longue suite d'années. Quand on songe que cette Eloquence toute admirable qu'elle est, n'a esté qu'une des moindres qualitez de M. le Maistre, & que son humilité luy a fait renoncer à ce précieux Don de la parole par la seule raison que ce merveilleux avantage l'alloit combler d'honneurs & de richesses, il est mal-aisé de se faire une assés noble idée de ce grand Homme, & quelque justice que la France ayt renduë à son merite, on n'y a pas fait encore assés d'attention. Quoyqu'il en soit plusieurs osent opposer ce seul Orateur aux plus excellens Orateurs de Rome & d'Athenes. Monsieur le Chancelier en reconnoissance de l'honneur qu'il luy avoit fait au Parlement, au Grand Conseil & à la Cour des Aydes; (car il prononça des Harangues devant ces trois Tribunaux toutes differentes l'une de l'autre, & toutes également Eloquentes) luy envoya un Brevet de Conseiller d'Estat avec les appointemens attachez à cette Dignité.

Au milieu des honneurs qui vinrent en foule, & qui en amenoient encore beaucoup d'autres plus grands & plus solides; il prit la résolution de se retirer entierement du monde lorsqu'il sembloit le devoir aimer davantage. Plusieurs creurent qu'il alloit éclatter dans la Chaire, comme il avoit fait dans le Barreau, pour s'ouvrir par-là un chemin aux premieres dignitez de l'Eglise. Mais il escrivit à M. le Chancelier en luy renvoyant ses Lettres de Conseiller d'Estat, que Dieu luy avoit fait la grace de renoncer sincerement au monde, & que son desir n'estoit pas, comme quelques-uns témoignoient le croire, de changer d'ambition; mais de n'en plus avoir. Sa retraitte pendant plus de vingt ans a tousjours esté accompagnée des exercices d'une trés-austere Penitence, & de l'Estude des Livres Saints qu'il a leus avec un respect & une application inconcevables.

Il mourut le 4. Novembre de l'année 1658. âgé de cinquante ans dans des sentimens de Pieté dignes de sa vie, & sur tout dans une vive reconnoissance de la grace que Dieu luy avoit faite de l'avoir arraché de bonne heure aux caresses du monde, on le vit plusieurs fois verser des larmes au commencement de sa maladie, dans le souvenir d'une si grande misericorde. Outre ses Plaidoyers & les Harangues dont nous avons parlé, il a composé plusieurs Ouvrages dans sa retraitte, entre lesquels est la vie de S. Bernard qu'on peut regarder comme un chef-d'œuvre d'Eloquence Chrestienne, & comme l'eschantillon d'un plus grand Ouvrage qu'il meditoit. Il avoit remarqué avec douleur que plusieurs vies des grands Hommes qui ont éclatté dans l'Eglise par leur sainteté, & particulierement celles qui nous ont esté données dans ces derniers siecles, sont meslées de fables & de mensonges, que l'ignorance & le faux zele des Escrivains y ont meslées; pour remedier à un si grand mal il s'estoit appliqué à rechercher dans les bons Auteurs Contemporains, comme dans de pures sources les veritables actions & le veritable caractere de ces grands Hommes, pour en faire ensuite le tissu de leur vie sur le modele de celle dont je viens de parler. C'est sur les Memoires qu'il en a faits, qu'une personne de grande Pieté, & d'une profonde Erudition, & qui a eu le bonheur de passer avec luy plusieurs années a composé l'excellente Histoire Ecclesiastique, dont il a desja donné quelques Volumes qui apparemment seront suivis de plusieurs autres.

Il a eu un Frere d'un trés-grand merite connu par tout sous le nom de M. de Saci; c'est à luy qu'on doit la Traduction de tout le Vieux Testament, laquelle a paru depuis quelques années avec des Notes trés-pleines de sçavoir & de pieté. On fait esperer la Traduction du Nouveau Testament du mesme Auteur avec de semblables Remarques. On luy doit aussi la Traduction du Poëme de S. Prosper contre les Ingrats, & en vers & en prose, & la Traduction des Hymnes de tout l'Office de l'Eglise, ce dernier Ouvrage est un veritable Chef-d'œuvre en son espece.

Iac. Lubin Sculp.
Pierre Gassendi

PIERRE GASSENDI

PIERRE GASSENDI meritoit plustost le nom de Sage que celuy de Philosophe, parce que son ame estoit encore plus ornée de Vertus que son esprit ne l'estoit de connoissances. Il nâquit au mois de Janvier de l'année 1592. dans un Village proche de Digne, où dés l'âge de quatre ans on le voyoit la nuit contempler avec une attention incroyable la Lune & les Estoilles. Lorsqu'il fut un peu plus âgé on l'envoya à Digne y faire ses Estudes, où en peu de temps il donna des marques de son esprit & de ce qu'il seroit un jour. Il fit sa Philosophie à Aix, & au retour il enseigna la Rethorique à Digne n'ayant encore que seize ans. Aprés avoir passé un temps considerable dans les Disputes de l'Ecole, il se consacra à l'Estat Ecclesiastique, Estat plus tranquille & plus propre à vacquer à la Philosophie. Il fut pourveu d'un Canonicat dans la Cathedrale de Digne, & le degré de Docteur luy ayant obtenu une Dignité qui luy fut disputée par plusieurs Concurrens, il fut contraint d'aller plaider & à Grenoble, & à Paris, où son merite le fit connoistre & luy fit beaucoup d'Amis. En l'année 1628. Il fit un Voyage en Hollande avec Monsieur L'huillier Maistre des Requestes, où il s'acquit une trés-grande reputation par les Conferences qu'il eut avec les excellens Hommes de ce Pays-là.

Quelque éclairé qu'il fust il ne laissa pas de combattre long-temps la circulation du sang & la communication du Chyle avec le sang par les veines lactées; mais il en fut desabusé par les dissections que Monsieur Pecquet, qui le premier a découvert le Canal Thorachique, fit devant luy plusieurs fois, & lorsqu'il fut convaincu de la verité de ces deux découvertes, il se réjoüissoit de les avoir connuës avant sa mort, ajoustant qu'il regardoit ces deux veritez qui se prouvent l'une par l'autre, comme les deux Poles de la Medecine sur lesquels elle devoit rouler desormais, car il n'estimoit pas la Medecine ordinaire qui n'admet que le combat des qualitez, & les differentes temperatures des humeurs, pour les causes de toutes les maladies. Il s'est rendu celebre par bien des endroits; mais rien ne luy a acquis plus de reputation que la dispute qu'il a euë fort long-temps avec Monsieur Descartes. C'estoient deux trés-excellens Hommes; mais d'un caractere bien different, Descartes n'estoit jamais plus aise, que quand il avançoit des propositions contraires aux opinions receuës, & Gassendi se faisoit un plaisir de conformer les siennes autant qu'il le pouvoit à celles qu'il trouvoit establies. L'un se distinguoit par la profondeur de ses meditations, l'autre par l'estenduë de sa litterature; L'un vouloit que tous ceux qui l'avoient devancé n'eussent presque rien connu dans les choses de la Nature; L'autre taschoit à faire voir par de favorables interpretations, que les Anciens avoient pensé les mesmes choses qu'on regardoit comme nouvelles. L'un sembloit entraîné par ses propres lumieres, l'autre paroissoit tousjours en estre le maistre. En un mot on eust dit que l'un avoit des connoissances plus grandes que son ame, & que l'autre avoit l'ame plus grande que toutes ses connoissances. Ses Maximes de Philosophie estoient composées de ce qu'Epicure & Democrite ont eu de meilleur & de plus raisonnable,

& il s'esloigna de tous les Paradoxes outrez, soit qu'ils se trouvassent dans les Anciens, soit qu'ils fussent soustenus par les Modernes les plus excellens. L'exacte pieté dont il fit profession pendant toute sa vie ne servoit pas peu à le rendre moderé & circonspect dans ses recherches Philosophiques. Jamais il ne luy est rien échappé, en traittant des nouveaux Systemes de Tycho-brahé & de Copernic, qui pust blesser les dogmes de l'Eglise. Il disoit la Messe tous les Dimanches & toutes les Festes, & c'estoit ordinairement dans l'Eglise des Minimes de la Place Royale où l'attiroit le Pere Mersenne grand amateur de la Philosophie, & particulierement des Philosophes avec tous lesquels il avoit fait amitié, leur servant merveilleusement à se communiquer leurs pensées les uns aux autres par le commerce de Lettres qu'il avoit soin d'entretenir. Là, aprés la celebration des divins Mysteres, ils s'entretenoient ensemble, & avec plusieurs de leurs Amis de diverses matieres de Philosophie ou de Mathematique. On luy a reproché de n'en avoir pas sçû assez à fond quelques parties, comme l'Algebre & plusieurs secrets de la Géometrie; mais soit qu'il ayt ignoré effectivement ce qu'il y a de plus caché dans ces Sciences, soit qu'il l'ayt negligé, il ne peut qu'en estre plus loüable. Il y a quelque chose de petit à s'attacher trop à de petites choses, & mesme de l'imprudence à y consumer un temps, qu'on peut employer plus utilement à d'autres connoissances. Il mourut le neufviéme de Novembre 1655. âgé de soixante-trois ans. Persuadé qu'il mouroit, pour avoir esté trop saigné, il dit aprés qu'on l'eut saigné pour la derniere fois, il vaut mieux s'endormir doucement au Seigneur, aprés avoir ainsi perdu toutes ses forces que de perdre la vie avec de plus vifs sentimens de douleur. Jamais personne n'a vescu d'une vie plus égale & plus uniforme, personne n'a eu plus d'Amis illustres, & dont il ayt esté plus aimé, particulierement depuis que Monsieur de Montmor Maistre des Requestes dont la maison estoit le rendez-vous de tout ce qu'il y avoit de Gens de merite & de Science, l'avoit pris chez luy. Il fonda en mourant une Messe annuelle & perpetuelle dans une Chapelle à Digne, & des aumônes aussi annuelles & perpetuelles aux pauvres du mesme lieu.

Blaise Pascal

Charles du Fresne
Sieur du Cange

CHARLES DU FRESNE
SIEUR DU CANGE.

CHARLES DU FRESNE nâquit à Amiens le 18. Decembre 1610. d'une Famille noble & ancienne, & alliée à tout ce qu'il y a de plus considerable dans cette Ville ; mais quelque avantage qu'il ait eu du côté de la naissance, il a fait encore plus d'honneur à ses Ancestres, qu'il n'en a reçû d'eux. Son pere Seigneur de Froideval & Prevost Royal de Beauquesne, étoit homme de Lettres, & eut de son premier mariage trois enfans, qui tous trois sont morts en reputation d'hommes sçavans. Il eut aussi trois enfans de son second mariage, dont l'aîné & le cadet ont esté Jesuites distinguez pour leur sçavoir, & le second est celuy dont je parle.

Il fit ses études au College des Jesuites d'Amiens, où son application & la vivacité de son esprit le distinguerent bien-tôt de tous ses compagnons : de là il passa à Orleans où il apprit le Droit, & ensuite à Paris où il se fit recevoir Avocat. Le desir ardent & insatiable de sçavoir, & particulierement de penetrer dans toutes les connoissances curieuses de la plus obscure antiquité, ne luy permirent pas de se borner dans la fonction d'aucun employ. Son pere eut beaucoup de joye de voir le progrés que faisoit son fils dans ses recherches, & de la reputation qu'il s'acqueroit d'un des plus sçavans hommes du Royaume.

Il reçût de luy peu de temps aprés une autre satisfaction encore plus touchante, quoyque fort triste, qui fut l'assiduité tendre & continuelle que ce fils eut auprés de luy, pendant une année entiere que dura la maladie dont il mourut. Tant que Dieu luy conserva un si bon pere, il ne songea point à se procurer la douceur d'une autre Compagnie ; mais la solitude où il se trouva aprés cette perte, & le conseil de ses amis l'engagerent à se marier. Bien des gens croyent que le lien conjugal & le soin des affaires que donne une Famille, sont incompatibles avec l'application que demande l'étude, mais celuy dont je parle, a fait voir que cette regle n'est point si generale, qu'elle n'ait ses exceptions. La femme qu'il épousa, issuë d'une Famille des plus considerables de la Province, sage, vertueuse, & de mœurs douces & faciles qui convenoient aux siennes, n'apporta aucun retardement au cours de ses études. Ils ont vécu ensemble pendant cinquante années & davantage dans une entiere & parfaite concorde, & elle l'a survécu six ans pour le secours & la consolation des enfans qu'il luy a laissez. Elle mourut le 19. Juillet 1694.

En l'année 1645. il fut pourvû de la Charge de Tresorier de France à Amiens, qu'il exerça jusqu'en l'année 1668. où la peste qui ravagea cette ville & tous les environs, l'obligea de venir à Paris. Cette desolation fut un bonheur pour luy & pour tous les gens de Lettres. Car il trouva dans cette grande ville, ce qui ne se trouve point au reste de la France ; cette abondance de Livres, soit imprimez, soit manuscrits, sans laquelle on ne peut porter aucune recherche ni aucun travail considerable à sa derniere perfection, & en même temps son profond sçavoir, & la maniere honneste dont il en faisoit part à ceux qui conversoient avec luy, & qui le consultoient, furent d'un grand secours à tous les gens de Lettres, Une de ses principales occupations a esté d'éclaircir ce qu'il y a de plus obscur dans l'histoire, en donnant la veritable explication de tous les termes difficiles à entendre, soit pour estre barbares, soit pour estre les noms de choses dont on a peu de connoissance. Il a composé à cet effet des Glossaires de la moyenne & basse Latinité, & du Grec aussi du moyen & dernier âge. Avec ce secours on ne trouve plus de difficulté dans les Livres où jusques alors on penêtroit le moins; ce qu'il y avoit de plus obscur est devenu le plus intelligible, & on peut dire que Monsieur du Cange a créé en quelque sorte la lumiere où estoient les tenebres. Personne n'a jamais donné plus d'application à chercher un éclaircissement, & n'a eu plus de sagacité pour le trouver. Nous luy devons l'édition de l'histoire de Cinnamus, celle des Annales de Zonare, la description de Constantinople, & des Familles Bysantines. Nous luy devons encore des Commentaires admirables qu'il a faits sur l'histoire de Saint Louis, écrite par le sieur de Joinville. La Posterité aura de la peine à croire qu'un seul homme ait eu tant de connoissance de ce qu'il y avoit de plus caché à tous les Sçavans, & que sa vie ait pû suffire à tous les travaux qu'il a laissez. Il travailloit à un grand Ouvrage qu'il avoit intitulé, *Chronicon Paschale, sive Alexandrinum*, lors qu'il fut attaqué de la maladie dont il est mort. Il souffrit de longues & cruelles douleurs dans le cours de cette maladie, sans donner aucune marque d'impatience, & il reçût l'avis qu'on luy donna de l'extréme peril où il étoit avec une constance incroyable. Il mourut le 23. Octobre 1688. âgé de soixante-dix-huit ans. Il avoit joüi d'une santé si heureuse pendant toute sa vie, qu'il en passa les cinquante-cinq dernieres années sans aucune atteinte de maladie. De dix enfans qu'il a eus, il n'en reste que trois, un garçon, & deux filles. Le garçon est Tresorier de France à Poitiers. Ses mœurs étoient fort douces, & son humeur étoit toûjours égale, aimant cordialement ses amis, & en estant aimé de même. Monsieur Colbert avoit pour luy beaucoup d'estime, & prenoit un extrême plaisir à l'entretenir dans sa Bibliotheque. Il avoit resolu de l'employer à faire un corps d'histoire de France, ce qui alloit à revoir ce que le sçavant Monsieur du Chesne en a déja fait imprimer, & à continuer le même travail, suivant le dessein de Monsieur du Chesne. Les mesures étoient toutes prises pour ce travail, lorsque la mort de ce Ministre, qui aimoit tant les Lettres, & ceux qui les cultivent, en arrêta l'execution.

Vercelin Pinxit
G. Edelinck Sculp. C.P.R.
Claude Perrault
de L'Accademie Royalle des Siences

CLAUDE PERRAULT,

DE L'ACADEMIE ROYALE DES SCIENCES.

ELUY dont je vais parler, estoit tellement né pour les Sciences, & particulierement pour les beaux Arts qu'il n'y en avoit presque point qu'il ne possedât à un degré qui étonnoit ceux qui en faisoient une profession particuliere; sans neanmoins avoir jamais eu de maistres qui les luy eussent appris. Celuy où il parut exceller davantage, parce qu'il se presenta des occasions plus favorables de le faire éclater, ce fut l'Architecture. Monsieur Colbert ayant demandé des desseins pour la façade du devant du Louvre à tous les plus celebres Architectes de France & d'Italie, & ayant fait venir à Paris le Cavalier Bernin, afin que ce grand homme executât luy-même son dessein; celuy de Monsieur Perrault fut preferé à tous les autres, & ensuite executé en la maniere que nous le voyons. Aussi peut-on dire que dans la seule façade du devant du Louvre, il y a autant de beauté d'Architecture que dans aucun des édifices des Anciens.

Quand on presenta le dessein de cette façade, il plut extremement; ce Peristile, ces Portiques majestueux dont les colonnes portent des architraves de douze pieds de long & des plafonds carrez d'une pareille largeur, surprirent les yeux les plus accoûtumez aux belles choses, mais on crut que l'execution en estoit impossible, & que ce dessein estoit plus propre pour estre peint dans un tableau, parce que c'estoit encore seulement en peinture qu'on en avoit vû de semblables, que pour servir de modele au frontispice d'un Palais veritable. Il a neanmoins esté executé entierement sans qu'une seule pierre de ce large plafond tout plat & suspendu en l'air se soit démentie. C'est sur ses desseins que l'Observatoire a esté basti; Ouvrage non seulement singulier par sa construction dont la simple & majestueuse solidité n'a point d'égale, mais qui peut luy seul sans le secours d'aucun instrument de Mathematique servir par la forme qui luy a été donnée à la pluspart des observations astronomiques. C'est aussi sur ses desseins que le grand modele de l'Arc de Triomphe a esté construit & qu'une partie considerable de ce même Arc a esté basti d'aprés ce modele. De sorte qu'il a eu l'avantage d'avoir donné la forme aux trois plus beaux morceaux d'Architecture qu'il y ait au monde. Monsieur Colbert qui aimoit beaucoup l'Architecture voulant donner aux Architectes de France les moyens de s'y perfectionner, luy ordonna de faire une nouvelle traduction de Vitruve, où l'on peut dire qu'il a réüssi au de là de ceux qui l'ont precedé dans ce travail; parce que jusqu'à luy ceux qui s'en sont mêlez estoient ou des Sçavans qui n'estoient pas Architectes, ou des Architectes qui n'estoient pas Sçavans. Il avoit ces deux qualitez, & outre cela une connoissance singuliere de toutes les choses, dont parle Vitruve qui peuvent regarder en quelque sorte l'Architecture, comme la Sculpture, la Peinture, la Musique, les Machines, & tous les autres Arts qui en dépendent. Il dessinoit en perfection l'Architecture, en sorte que les desseins qu'il a faits de sa main, & sur lesquels toutes les planches de son Vitruve ont esté gravées sont encore beaucoup plus beaux, plus exacts & plus finis, que ces planches, quoy qu'elles soient d'une beauté extraordinaire. Il fit ensuite l'abregé du même Vitruve pour la commodité de ceux qui commencent à étudier l'Architecture. Il a fait encore un Livre sur ce bel Art, intitulé, *Ordonnance des cinq especes de colonnes selon la methode des Anciens*, où il donne les veritables proportions que doivent avoir les cinq Ordres d'Architecture, en s'éloignant également des extremitez où quelques-uns des Architectes les ont portées, & les rendant commensurables les unes aux autres sans aucune fraction des parties du Module, ce qui abrege infiniment l'étude de l'Architecture.

Quand l'Academie Royale des Sciences fut établie, il fut nommé des premiers pour en estre & pour y travailler particulieremnt dans ce qui regardoit la Physique. C'a esté sur les dissections qui ont esté faites dans cette celebre Academie qu'il a dressé les Memoires pour servir à l'histoire naturelle des Animaux, lesquels ont esté imprimez au Louvre en l'année 1676. & dont il en reste à imprimer un second Volume qui a esté laissé à l'Academie aprés sa mort pour le revoir avant que de le mettre sous la presse. Il a aussi composé 4. Volumes d'Essais de Physique, dont le Public a témoigné estre fort satisfait, & particulierement de l'abondance de nouvelles pensées qui s'y trouvent. Il travailloit dans le temps qu'il est tombé malade à mettre en état un Recueil de diverses Machines de son invention toutes singulieres. Il y en a pour élever de grands fardeaux où il évite le frottement, qui est un des grands obstacles qui se rencontrent au mouvement, & ce qu'on n'avoit jamais esperé ni crû possible. Cet Ouvrage sera donné au Public incessamment. Si je n'ay point parlé de son habileté dans la Medecine qui estoit sa veritable profession, ce n'est pas, que studieux, sage & de profonde meditation comme il estoit, il n'y ait peut-estre excellé autant & plus que dans aucun autre connoissance, mais c'est que dés qu'il fut appellé à l'Academie des Sciences, il ne l'exerça plus que pour sa famille, pour ses Amis & pour les Pauvres. Il mourut pour avoir assisté à la dissection d'un chameau, mort apparemment d'une maladie contagieuse; car tous ceux qui y furent presens (ce fut au Jardin Royal des Plantes que se fit cette dissection) en tomberent malades. Dés qu'il fut mort la Faculté de Medecine de Paris qui connoissoit son merite, ordonna à son Doyen de demander son portrait à ses heritiers, & elle l'a fait placer parmi ceux des Fernels, des Akakias, des Riolans & des Guenaults, dont elle orne la Salle de ses Assemblées. Le Registre qui fait foy de cette déliberation parle de luy en cette sorte. *Die 6. Novemb. ann. 1692. depicta tabella M. Claudii Perrault ad me Decanum H. M. missa ab illustrissimo fratre ipsius & dono data Scholæ nostræ, appensa fuit in Scholis nostris Superioribus. Hic vir Doctor Medicus Parisiensis fuit, Scholæ nostræ lumen ac Sydus meritò potest appellari. Varia in lucem ab eo sunt emissa opera Physica, quibus nihil esse pictius aut elegantius aut verosimilius. Vitruvium Gallice reddidit & illustravit. Mathematicarum disciplinarum laude, picturæ, Architecturæ, Musicæque fuit inter cæteros ævi nostri præstantissimos viros, præstantissimus. Dum Cameli putrescentis viscera curiosius indagat scrutaturque scapello, tetrâ quadam aurâ afflatus, mox è vivis ereptus est. Sicut tanti viri memoria vivet apud doctos quosque: Sic apud nos collegas ipsius perpetua esse debet, pag. 95. tom. 17. Commentar. Facult. Med. Paris.* Ce qu'on peut dire en general de M. Perrault, c'est que s'il s'est trouvé plusieurs personnes qui ont excellé plus que luy dans quelques-uns des talens qu'il a possedez; il ne s'en est gueres rencontré dont le genie & la capacité se soient étendus tout à la fois à tant de choses differentes. Il mourut le 9. Octobre 1688. âgé de 75. ans.

Jac. Lubin sculp.
François de Malherbe.

FRANÇOIS DE MALHERBE

CE n'eſt pas ſans raiſon que la Ville de Caën eſt renommée pour le bel eſprit, comme naturel en quelque ſorte à ſes Habitans. Quand elle n'auroit pas donné un nombre preſque infini d'Hommes de Lettres, remarquables particulierement par la fineſſe & par la beauté de leur genie, il luy ſuffiroit d'eſtre le Berceau de Malherbe pour meriter les loüanges que l'on luy donne. Il y nâquit en l'année 1555. Il eſtoit de l'ancienne Maiſon de S. Aignan de Malherbe qui a porté ſi long-temps les armes en Angleterre, & qui s'y rendit beaucoup plus conſiderable qu'au lieu de ſon origine, où elle déchut ſi fort avec le temps que le pere de Malherbe n'eſtoit qu'Aſſeſſeur à Caën. Le jeune Malherbe fit ſes Eſtudes dans cette Ville avec Jacques Davy du Perron depuis Cardinal, & Jean Bertaut depuis Eveſque de Séés. Ils ont eſté tous trois d'excellens Poëtes. Le pere de Malherbe s'eſtant fait Huguenot ſur la fin de ſa vie, ſon fils en eut un ſi ſenſible déplaiſir qu'il quitta le Pays & ſe mit au ſervice de M. d'Angouleſme fils naturel de Henry Second, le ſuivit en Provence dont il eſtoit Gouverneur, & demeura dans ſa maiſon juſqu'au jour que ce Prince fut aſſaſſiné par Altoviti en 1586. Il eſpouſa la Veuve d'un Conſeiller fille d'un Preſident de Provence, appellée Magdelaine de Carriolis dont il eut pluſieurs enfans qui moururent tous avant luy.

La reputation de Malherbe ſe répandit en peu de temps de tous coſtez & alla juſqu'au Roy Henry IV. par les bons offices du Cardinal du Perron. Le Roy ayant demandé un jour à ce Cardinal s'il ne faiſoit plus de Vers, il luy répondit qu'il avoit quitté cet amuſement depuis que Sa Majeſté luy avoit fait l'honneur de l'employer dans ſes affaires, & il ajouſta qu'il ne falloit pas que perſonne s'en meſlaſt aprés un certain Gentilhomme de Normandie habitué en Provence nommé Malherbe, qui avoit porté la Poëſie Françoiſe à un ſi haut point de perfection, qu'il n'eſtoit pas poſſible d'en approcher. Cependant Malherbe ne vint à la Cour que deux ou trois ans aprés, vers l'année 1605. un peu avant que le Roy partiſt pour remettre dans le devoir la Province de Limouzin. Sa Majeſté luy ayant ordonné de faire des Vers ſur ſon Voyage, il luy preſenta à ſon retour des Stances qui luy acquirent beaucoup de reputation, & dont le Roy fut ſi content qu'il commanda à M. de Bellegarde de luy donner ſa maiſon juſqu'à ce qu'il l'euſt fait mettre ſur l'eſtat de ſes Penſionnaires. Ce Seigneur luy donna ſa table, un cheval & mille livres d'appointement. M. de Racan qui eſtoit alors Page de la Chambre, fit amitié avec Malherbe qui luy apprit à faire des Vers, & cette amitié dura touſjours. La Reine Marie de Medicis aprés le déceds d'Henry IV. donna cinq cens eſcus de penſion à Malherbe.

Son talent principal dans la Poëſie Françoiſe, conſiſtoit dans le tour qu'il donnoit aux Vers, que perſonne n'avoit connu avant luy, que tous les Poëtes qui ſont venus enſuite, ont taſché d'imiter; mais où trés-peu ſont parvenus. Il reforma en quelque façon toute la Langue, en n'admettant plus les mots écorchez du Latin, ny les phraſes tournées à la maniere des Latins ou des Grecs, ce qui a défiguré la pluſpart des Ouvrages de ceux qui l'ont precedé, & particulierement ceux de Ronſard, quoyque ce Poëte cruſt leur donner par-là une grande beauté & une majesté admirable. Ce n'est pas que Malherbe n'employast plus volontiers les expressions un peu anciennes, qu'il appelloit ses bonnes Amies, parce qu'il s'en estoit tousjours bien trouvé, que les mots qui estoient encore un peu nouveaux, dont il disoit qu'on ne pouvoit trop se donner de garde, parce que la pluspart mourroient dés qu'ils estoient nez, mais il y a bien de la difference entre des mots anciens & des mots barbares tels qu'on peut appeller un grand nombre de ceux, dont Ronsard s'est servi, & la pluspart des autres Poëtes de ce temps-là. Le soin qu'a eu Malherbe de s'abstenir de ces sortes d'expressions que le mauvais goust qui regnoit alors faisoit trouver nobles & hardies, a fait dire à quelques uns qu'il n'estoit pas si grand Poëte qu'il estoit bon Versificateur, mais si l'on examine bien ses Ouvrages & ses Odes particulierement, qui presque toutes sont des Chef-d'œuvres, on n'y trouvera pas moins de force d'élevation & d'anthousiasme que de justesse de douceur & d'harmonie. Il est vray qu'il s'en faut beaucoup que tout ce qu'il a fait soit d'une égale bonté & que ce qu'il a composé estant vieux, est infiniment meilleur que ce qu'il a fait dans sa jeunesse; mais c'est l'ordinaire des Poëtes, dont le bon sens est la partie dominante, comme elle l'estoit en celuy dont je parle, à la difference de ceux qui n'ont que de l'imagination, laquelle s'affoiblit presque tousjours avec l'âge.

Quoy qu'il en soit, la face de la Poësie changea entierement quand il vint au monde. Il fut reconnu le Maistre dés qu'il parut, & tous ceux qui se mesloient de ce bel Art n'avoient point de honte d'en recevoir des Leçons. La pluspart des regles qui s'observent aujourd'huy pour la belle versification, ont esté prises dans ses Ouvrages, dont les beaux endroits sont encore dans la bouche de tout le monde. Personne n'a jamais receu plus de loüanges de ceux de sa profession, & ne leur en a moins donné, parce qu'il ne trouvoit presque rien qui répondist à l'idée qu'il s'estoit faite de la noble & grande Poësie. Il a composé divers Ouvrages de Prose qui auroient suffi pour le rendre Illustre. Il a traduit le Traitté des bienfaits de Seneque d'un style qui ne fait point de tort à son original; & le recueil de ses Lettres peut servir de modelle en ce genre d'écrire, mais le grand éclat de sa Poësie a presque effacé tout le merite de sa Prose. Il mourut en l'année 1628. âgé de soixante-treize ans. Ses Ouvrages feront honneur éternellement & à la France & à son siecle.

Iac. Lubin Sculp.
Jean Louis Guez de Balzac
de l'Academie Françoise

JEAN LOUIS GUEZ Sʳ DE BALZAC
DE L'ACADEMIE FRANÇOISE.

ON peut dire que l'Eloquence doit à M. de Balzac la meſme choſe que la Poëſie doit à M. de Malherbe. Je veux dire que ces deux beaux Arts ont receu de ces deux grands Hommes un certain nombre & une certaine harmonie que l'on ne connoiſſoit point encore. C'eſtoit aſſés pour de la Proſe avant M. de Balzac de n'eſtre pas barbare, & les Orateurs contens de faire entrer dans l'eſprit de ceux qui les écoutoient ou qui liſoient leurs Ouvrages, des choſes où il y euſt de la raiſon & de l'eſprit, ne ſongeoient preſque point à contenter les oreilles par où ces meſmes choſes devoient paſſer. Cependant le ſuffrage de l'Entendement & de la Volonté dépendent fort de celuy des Oreilles, & il eſt mal-aiſé de plaire beaucoup aux uns ſans avoir commencé par plaire aux autres. M. de Balzac s'appliqua à donner du ſon, de la cadence & de la force à ſes paroles par leur arrangement & leur ſituation, & il l'a fait ſi heureuſement qu'il y a plus de diſtance de ſa Proſe à celle de tous les autres qui l'ont precedé pour la douceur & la force de l'harmonie, qu'il n'y en a de cette meſme Proſe aux plus beaux Vers des meilleurs Poëtes.

Quoyque peu d'Ecrivains ayent approché de M. de Balzac dans cette partie de l'Eloquence qui n'eſt pas aſſeurement moins conſiderable que celle de l'action & de la prononciation, en quoy Demoſthene faiſoit preſque conſiſter tout ce bel Art, il eſt certain qu'il y en a eu encore moins qui l'ayent égalé dans la beauté des penſées & dans le tour noble & majeſtueux qu'il ſçavoit leur donner. Tout devenoit or en paſſant par ſes mains. Quelques-uns luy ont reproché d'eſtre trop fort dans l'exageration, mais l'Eloquence dans le genre demonſtratif ne conſiſte qu'à élever les choſes les plus baſſes & à abbaiſſer les plus hautes; que s'il a pouſſé quelque-fois l'hyperbole un peu trop loin, ce n'a gueres eſté que dans ſes premieres années où l'on doit pardonner cet agreable emportement à la jeune vigueur d'un grand Genie. Le premier Livre qu'il fit imprimer fut un recueil de ſes Lettres eſcrites à differentes perſonnes de toutes qualitez. Ce recueil fut receu avec un applaudiſſement incroyable. On n'avoit encore rien veu d'un ſtile ſi élevé ni ſi agreable, & on ne ſçauroit dire combien il s'en fit d'Editions pour ſatisfaire à l'empreſſement du Public. Elles eurent auſſi leurs Cenſeurs en grand nombre, elles eſtoient trop belles pour en manquer. Celuy qui ſe ſignala davantage par ſes Critiques fut le Pere Goulu General des Feüillans. Ce ſçavant Homme tout plein de l'amour des anciens Auteurs, paſſion ordinaire aux Sçavans, ne pouvant ſouffrir qu'un Homme qui taſchoit de s'élever au deſſus de la noble ſimplicité des Anciens, euſt la reputation de bien eſcrire, & regardant comme un deffaut ce que tout le monde regardoit comme une grande beauté, fit tous ſes efforts pour décrier l'Eloquence de M. de Balzac. Il entreprit de faire voir que tout ce qu'il y avoit de bon dans les Lettres de ce nouvel Auteur eſtoit pris des Anciens, & que ce qui eſtoit de luy estoit trés-vicieux. Il est vray qu'il vint à bout par son Sçavoir de montrer que quantité de bonnes choses qui estoient dans les Lettres de M. de Balzac, se trouvoient dans les anciens Auteurs, mais il ne fit pas voir que M. de Balzac n'eust pas pensé de luy-mesme la pluspart de ce qu'il supposoit avoir esté derobé, estant comme impossible qu'un homme puisse rien dire qui n'ayt esté dit par un autre & qu'on ne trouve escrit quelque part, quand on a beaucoup de Lecture. Il ne montra point non plus que ce qui estoit du fonds de l'Auteur qu'il blasmoit ne valust rien, à la reserve de quelques hyperboles un peu trop poussées comme je l'ay déja remarqué, & une trop grande affectation d'estre tousjours soustenu dans les endroits mesmes qui ne le demandoient pas; affectation qui asseurement est vicieuse, mais qui doit estre pardonnée en faveur de tout le reste. Ce recueil de Lettres fut suivi de six autres qui furent également bien receus du Public malgré toute la peine qu'on prenoit à les décrier.

Il fit plusieurs petits Ouvrages qui furent imprimez sous le titre d'Oeuvres diverses, tous excellens en leur maniere. Le Prince & le Socrate Chrestien parurent aprés, & enfin l'Aristippe qui est son Chef-d'œuvre. Le stile en est plus pur & plus chastié que celuy de tous ses autres Ouvrages, & il contient une infinité de préceptes de Morale & de Politique, qui ayant toute la solidité qu'on trouve dans les Livres qui n'ont que cela, ont encore un agrément singulier dans la diction & dans l'harmonie des paroles.

Balzac est une petite Terre en Angoumois dont il estoit Seigneur, & où il faisoit son sejour ordinaire. Il estoit de l'Academie Françoise, & quoyque ses frequentes indispositions & son absence presque continuelle de Paris l'ayent privé de la satisfaction d'y venir souvent, personne cependant n'a plus fait d'honneur que luy à cette Illustre Compagnie. Il fonda un Prix d'Eloquence qui consiste en une Medaille d'or de 200. francs où S. Loüis est representé, & qui se distribuë tous les deux ans le jour de la Feste de ce Saint dans une Séance solemnelle que l'Academie tient ce jour-là, où aprés avoir fait la lecture de la piece d'Eloquence qui a remporté le Prix, Elle le donne à celuy qui en est l'Auteur s'il est present, ou à celuy qui se presente de sa part. Il mourut le 28. Février 1654. ses Ouvrages ont esté imprimez depuis sa mort en deux Volumes in folio avec une Preface de M. l'Abbé de Cassagnes, trés-belle, trés éloquente, & trés-digne d'estre à leur teste. Le Cardinal de Richelieu l'a fort loüé par des Lettres de sa main propre, ce sont des Eloges qui surpasseront tousjours tous les autres, quand ce ne seroit que par le seul nom de celuy qui les a escrits.

Iac. Lubin Sculpsit
Vincent Voiture.
de l'Academie Françoise.

VINCENT VOITURE
DE L'ACADEMIE FRANÇOISE.

IRGILE ayant voulu faire trouver un Poëte dans les champs Elisées, il l'a placé au milieu de ses plus grands Heros, pour faire entendre que le talent de la Poësie, quand il est dans un haut degré de perfection, rend digne celuy qui le possede de vivre parmi les Princes & les Monarques, & mesme de marcher en quelque sorte de pair avec eux. C'est ce que nous avons veu dans celuy dont je fais l'Eloge. Quoyqu'il fust d'une Naissance assés obscure, n'estant fils que d'un Marchand de Vin, il a eu neantmoins l'avantage de passer toute sa vie, à la faveur de la beauté de son Esprit & de sa Poësie, dans le commerce & dans la familiarité de tout ce qu'il y avoit de plus grand & de plus élevé à la Cour.

Il est vray que son genie estoit admirable & que ce genie estoit le seul de son espece. Il se trouvoit alors un assés grand nombre d'Hommes trés-éloquens, Balzac avoit esté secondé de plusieurs autres pour donner à nostre Langue l'élegance & la majesté qui luy manquoient, Malherbe & quantité d'autres bons Poëtes avoient porté la Poësie à un degré de perfection bien different de celuy où ils l'avoient trouvée: Mais cette Eloquence & cette Poësie n'estoient point d'une autre espece que celles des Anciens, & elles ne differoient entre-elles que du plus ou du moins. Il entroit dans les Ecrits de Voiture, soit en Prose soit en Vers une certaine naïveté & une sorte de plaisanterie d'honneste-homme, qui n'avoient pas d'exemple, & dont toute l'Antiquité la plus polie ne fournit point de modéle. Ce talent admirable en luy-mesme, ayant encore les graces de la nouveauté, luy acquit l'estime & l'amour de tout le monde. Les moindres choses devenoient précieuses en passant par ses mains. Les Proverbes mesmes, qui en nostre Langue avilissent presque tousjours le discours, donnoient aux siens du prix & de l'agrément, quand il avoit occasion de les mettre en œuvre. Ce fut dans l'Hostel de Rambouïllet, alors le reduit ordinaire de ce qu'il y avoit de plus beaux Esprits que son merite éclatta d'abord. MONSIEUR, Duc d'Orleans, Frere unique du Roy le voulut avoir auprés de sa Personne, & il y fut en qualité de son Introducteur des Ambassadeurs, & de Maistre des Ceremonies; Charge unique dans la maison de Monsieur, qu'il exerça jusqu'à sa mort, & dont il s'acquitta parfaitement, possedant tous les talens & toutes les Langues necessaires pour cet employ. MONSIEUR l'envoya en Espagne pour quelques affaires, d'où il passa en Afrique par curiosité seulement, comme on le voit dans ses Lettres. Il fut fort estimé à Madrid, où il composa des Vers Espagnols que tout le monde creut estre de Lopé de Vega, tant la diction en estoit pure & naturelle. Le Comte Duc d'Olivarez premier Ministre & Favori du Roy d'Espagne prenoit plaisir à s'entretenir avec luy, & le pria mesme de luy escrire quand il seroit de retour en Flandres. Il fit deux voyages à Rome & fut envoyé à Florence porter la nouvelle de la naissance du Roy. Il eut une Charge de Maistre d'Hostel de Sa Majesté, & Monsieur le Comte d'Avaux Sur-Intendant des Finances le fit son Commis, seulement pour en toucher les appointemens sans en faire la fonction. Il seroit mort riche sans la passion qu'il avoit pour le jeu, où il perdit 1500. pistoles en une soirée. Monsieur le Prince dés le temps mesme qu'il n'estoit encore que Duc d'Anguien l'honora de sa bienveillance. L'approche de ce jeune Heros ne servit pas peu à luy élever l'ame, & le desir qu'il eut de plaire à un goust aussi fin & aussi delicat, est peut-estre une des causes principales de l'excellence de ses Ouvrages. On le peut voir dans l'Epitre en Vers qu'il écrit à ce jeune Prince au retour de ses Conquestes d'Allemagne. C'est une piece où l'on ne sçauroit dire qui domine le plus ou de l'esprit, ou de l'agrément, ou de la solidité; jamais le grave & le serieux n'ont esté temperez par une raillerie plus delicate & plus ingenieuse. Bien qu'il n'eust jamais rien fait imprimer, il estoit en grande reputation non seulement en France, mais encore dans les Pays Estrangers, & l'Academie des Humoristes de Rome luy envoya des Lettres d'Academicien. Ses Ouvrages ont esté publiez aprés sa mort en un seul Volume qui fut receu avec tant d'approbation, qu'il fallut en faire deux Editions en six mois. Sa Prose est ce qu'il y a de plus chastié & de plus exact, elle a un air de galanterie qui ne se trouve point ailleurs, ses Vers ont une varieté admirable & je ne sçay quoy d'original qui plaist à tout le monde, & qui ne paroist jamais plus inimitable que lorsqu'on s'efforce de l'imiter. C'est luy qui a renouvellé l'usage du Rondeau, où il a réüssi parfaitement. Il estoit de l'Academie Françoise & en faisoit un des plus grands ornemens. Il nâquit à Amiens & fut élevé à Paris où il mourut en 1648. âgé de 50. ans.

S'il eut des Admirateurs, il eut aussi des envieux de sa gloire qui tascherent de la ternir d'une maniere bien particuliere, puisque c'estoit en le loüant. Ils ne loüoient & n'admiroient que deux ou trois de ses Lettres; L'une, par exemple, où une Carpe & un Brochet font un Dialogue; L'autre, où il loüe une Abbesse de ne pas laisser aller le Chat au fromage, voulant insinuer par-là qu'il n'avoit excellé que dans des bagatelles. Monsieur Costar qui sentit bien la malice de ces loüanges, prit plaisir à en faire voir l'artifice, il ramassa ce qu'il y a de plus fort, de plus noble, & de plus pathetique dans toutes ses Lettres, & en fit un tissu où l'on voit briller une Eloquence qui charme & qui enleve. Quoyqu'on ait leu plusieurs fois ces belles choses dans les endroits où elles sont placées, il n'est pas croyable combien on en est ébloüi, quand on les voit toutes ensemble. Il parut aprés sa mort une Pompe funebre faite par Sarrasin, où ses mœurs & sa vie sont décrites fort ingenieusement. Cette Piece est admirable & peut-estre la seule en son genre. Elle ne fait pas seulement honneur à celuy pour qui elle est faite, parce qu'elle le loüe & qu'elle est excellente, mais parce que c'est de luy & du goust qu'il inspira aux habiles Gens de son siecle qu'elle tient principalement la delicatesse & le tour qu'on y admire. Ses Ouvrages sont un Tome de Lettres avec plusieurs Poësies ensuite, & le commencement d'un Roman intitulé, Alcidalis.

Jac. Lubin Sculp.
Jean François Sarrasin

JEAN FRANÇOIS SARRASIN.

EAN FRANÇOIS SARRASIN natif de Caën & fils d'un Tresorier de France de la mesme Ville a esté un des plus beaux Genies pour les belles Lettres, des plus faciles & des plus universels qu'on ayt veus il y a long-temps. Personne n'a esté plus galand, plus agreable, ni plus enjoüé dans la conversation. Il plaisoit aux Dames, aux Gens de Lettres, aux Gens de Cour, aux plus habiles & aux moins éclairez, il estoit tousjours admirable, soit qu'il fallust tenir sa place dans une Conversation reglée & serieuse, soit qu'il fallust parmi des personnes tout-à-fait amies & familieres s'emporter à ces innocentes debauches d'esprit & à ces sages folies, où les discours concertez cedent quelquefois la place aux caprices & aux boutades de la Poësie, & où presque tout est de saison hormis la raison fiere & severe.

Sa maniere d'escrire & de composer semble tenir comme le milieu pour la Prose entre Balzac & Voiture, & pour les Vers, entre Voiture & Malherbe. Par là on ne prétend pas le mettre, ni au dessus ni au dessous de ceux à qui on le compare, mais marquer seulement le jugement que plusieurs personnes ont fait de sa maniere d'escrire, & en Prose & en Vers. Sa Prose n'a pas un tour si élevé que celle de Balzac, & elle ne descend pas aussi tant dans le naïf & le plaisant, que celle de Voiture, qui ne dédaigne pas d'employer les Proverbes d'une maniere à la verité qui les rend quelquefois plus précieux, & plus agreables que les expressions les plus polies & les plus relevées. Il en est de mesme de sa Poësie qui ne le prend pas sur un ton aussi fier & aussi perçant que les Odes de Malherbe, & qui en mesme-temps ne se jouë pas aussi familierement de sa matiere qu'a fait Voiture, si ce n'est dans quelques Poësies qu'il a faites exprés pour se divertir, comme celle des Bouts-rimez & quelques-autres.

Dans ce milieu qu'il a tenu il a fait voir qu'il estoit né pour tous les genres d'écrire. Ses Ouvrages sont presque tous differens les uns des autres, & il semble qu'il n'ayt eu dessein que de donner des échantillons de toutes sortes de stiles pour montrer qu'il excelloit en tous également. Sa Relation du Siege de Dunkerque fait voir à quel point il possedoit l'Art de bien narrer. Sa conspiration de Walstein montre combien il auroit esté capable non seulement d'écrire la Vie des grands Hommes & d'en faire des Images vivantes, mais d'écrire un corps d'Histoire, ayant fait voir dans cet essay qu'il possede toutes les qualitez d'un grand Historien. La vie de Pomponius Atticus qu'il a traduite du Latin de Cornelius Nepos fait voir combien il auroit excellé à écrire des Vies. Le Dialogue sur la question, s'il faut qu'un jeune homme soit amoureux, montre qu'il avoit beaucoup d'érudition, & qu'il n'ignoroit aucune des finesses du Dialogue. Ses Poësies ne sont pas moins de differente espece. L'Ode qu'il a intitulée, Calliope, est de la plus haute & de la plus noble Poësie, le dessein en est ingenieux, ayant trouvé moyen en celebrant la Victoire que M. le Prince remporta à la bataille de Lens, de parler de toutes ses autres Conquestes qu'il feint avoir esté cizelées sur la cuirasse de ce grand Prince. Il a laissé les fragmens d'un Poëme heroïque, qui ont toute la beauté des plus excellens

Poëmes. Pour ce qui est des Poësies amoureuses ou galantes, il ne s'est pas contenté d'imiter les Anciens dans ce qu'ils ont de meilleur, il y a joint une galanterie qu'ils ont ignorée, & dont luy & Voiture sont en quelque sorte les premiers Inventeurs. De ce genre est le Poëme de la Souris, dont l'invention & la delicatesse n'ont point de modele, & n'ont eu jusqu'icy que fort peu de Copies qui approchassent de la beauté de leur original.

Pour estre pleinement convaincu de la vaste estenduë de son esprit qui estoit propre à tout sans qu'on ait peu sçavoir en quoy il excelloit davantage, il ne faut que lire la Pompe Funebre qu'il fit pour Voiture, il y a de la Satyre digne du siecle d'Auguste, du vieux François tellement dans le genie des siecles passez, qu'on croit en le lisant estre transporté en ces temps-là & du François le plus poli qui se parle presentement; du Latin, de l'Espagnol & de l'Italien, Vers & Prose, de la Fiction, de la Poësie, de la Plaisanterie, le tout si excellent, qu'il seroit mal-aisé de trouver rien de meilleur dans tous ces genres, & de stiles & d'Ouvrages.

Je ne sçaurois m'empescher de dire icy pour marquer la facilité de son esprit, ce qu'il fit un jour dans un voyage où il accompagnoit M. le Prince de Conty, dont il estoit Secretaire & fort aimé. Ce Prince en voyageant recevoit des Harangues presque par tout où il passoit. Le Maire & les Eschevins d'une Ville l'attendirent sur son passage & luy firent leur Harangue à la portiere de son Carrosse, le Harangueur demeura court à la seconde Periode sans pouvoir retrouver la suite de son discours, quelque effort qu'il fist pour en venir à bout. Sarrasin sauta aussi-tost de l'autre portiere en bas, & ayant fait promptement le tour du Carrosse se joignit au Harangueur & poursuivit la Harangue en la maniere à peu prés qu'elle devoit estre conceuë, y meslant des loüanges si plaisantes & si ridicules, quoyque trés-serieuses en apparence, que ce Prince ne pouvoit s'empescher d'éclater de rire. Ce qui fut de plus plaisant, c'est que le Maire & les Eschevins remercierent Sarrasin de tout leur cœur de les avoir tirez d'un si mauvais pas, & luy presenterent le vin de la Ville, comme à M. le Prince de Conty. Il mourut en l'année 1657. On prétend que sa mort fut causée par le chagrin qu'il eut d'estre tombé dans la disgrace de son Maistre, pour s'estre meslé d'une affaire qui luy avoit dépleu. Il n'a jamais fait imprimer aucun de ses Ouvrages, & nous n'aurions rien de luy, si M. Menage n'eust pris soin de l'Edition que nous en avons, M. Pellisson en a fait la Preface, Piece des plus éloquentes que nous ayons, & trés-digne de toutes celles dont elle fait l'Eloge.

Iac. Lubin sculp.
Pierre Corneille.
de L'Academie francoise

PIERRE CORNEILLE
DE L'ACADEMIE FRANÇOISE.

I sept Villes se sont renduës celebres pour avoir pû prétendre chacune d'estre le lieu où estoit né Homere, quel honneur la Ville de Roüen ne doit-elle pas attendre de la posterité, de n'avoir point à partager avec aucune autre l'avantage d'avoir donné la naissance à l'Illustre Corneille. Il ne faut point trouver estrange que je mette ce Poëte moderne en parallele avec le plus illustre de tous les Poëtes anciens, puisque plusieurs personnes trés-sages n'ont pas hesité de le faire avant moy. Tout Paris a veu un Cabinet de pierres de rapport fait à Florence, & dont on avoit fait present au Cardinal Mazarin, où entre les divers ornemens dont il est enrichi on avoit mis aux quatre coins, les Medailles ou Portraits des quatre plus grands Poëtes qui ayent jamais paru dans le monde, sçavoir, Homere, Virgile, le Tasse, & Corneille. On ne peut pas croire qu'il entrast de la flatterie dans ce choix, & qu'il n'ayt esté fait par la voix publique non seulement de la France, mais de l'Italie mesme, assés avare de pareils Eloges. Cette espece d'honneur n'est pas ordinaire, & peu de gens en ont joüy, comme M. Corneille, pendant leur vie.

Il s'appliqua quelque-temps à la Jurisprudence, & achepta la Charge d'Advocat General de la Table de Marbre à Roüen; mais le grand talent qu'il avoit pour la Poësie ne souffrit pas qu'il en fist long-temps la fonction. Il vint à Paris pour y faire joüer les Pieces de Theatre qu'il avoit composées. Dans ce temps Mairet autre Poëte d'un merite distingué, avoit fait representer une Pastorale qu'on appelloit la Sylvie, laquelle avoit receu des applaudissemens incroyables, quoyque la Piece fust assés defectueuse, mais on en estoit charmé parce qu'elle venoit ensuite des Tragedies de Garnier & de Hardy, dont le langage ne tenoit guéres moins du Latin que du François, & dont les Sujets traittez à la maniere antique, estoient d'une langueur insupportable. Autant que la Sylvie avoit éclatté par la comparaison qu'on en avoit faite avec les Pieces de Theatres precedentes, autant les premieres Pieces de Corneille firent-elles de bruit lorsqu'elles parurent, par le degré d'excellence qu'elles avoient au dessus de cette Pastorale. La premiere fut Melite qui eut un succés extraordinaire, & qui fut suivie de sept autres, aprés lesquelles il donna le Cid, les Horaces, Cinna, Polieucte, la Mort de Pompée, le Menteur, Rhodogune, Heraclius, Dom Sanche d'Arragon, & Nicomede, Pieces qui parurent d'une si grande beauté, qu'on trouva que Corneille s'estoit eslevé par ces dernieres Pieces autant au dessus de luy-mesme, qu'il s'estoit eslevé au dessus des autres Poëtes par ses premiers Ouvrages.

Personne n'a jamais eu plus de grandeur de genie pour le Theatre, soit pour les Caracteres extraordinaires & bien marquez qu'il donne à tous ses Personnages, soit pour les sentimens qu'il leur fait avoir, & la maniere noble dont il les exprime. On a sur tout admiré le Caractere de la fierté Romaine qu'il a mis dans les Heros en qui l'Histoire marque qu'il a éclatté. Quoyqu'il ayt fait revenir ce mesme Caractere beaucoup de fois sur le Theatre, il a tousjours plû par quelques charmes de nouveauté qu'il y ajoustoit. Il seroit mal-aisé d'exprimer les applaudissemens que ses Ouvrages reçurent. La moitié du temps qu'on donnoit au spectacle s'employoit en des exclamations qui se faisoient de temps en temps aux plus beaux endroits, & lorsque par hazard il paroissoit luy-mesme sur le Theatre, la Piece estant finie, les exclamations redoubloient, & ne finissoient point qu'il ne se fust retiré, ne pouvant plus soustenir le poids de tant de gloire. Ce ne fut pas seulement dans Paris & à la Cour que ses Ouvrages furent applaudis, ce fut par toute la France & par toute l'Europe; & comme il n'y a point eu de Nation qui n'ayt desiré prendre part au plaisir qu'ils donnoient, il n'y a point eu aussi de Langue dans laquelle ils n'ayent esté traduits. Si le François est devenu le Langage de tous les honnestes Gens de l'Europe, la France n'en est pas seulement redevable à la gloire du Prince que le Ciel luy a donné, mais au desir qu'ont eu tous les Peuples de gouster les beautez des Pieces de ce grand Poëte dans leur Langue naturelle. Il laissa reposer le Theatre quelque-temps aprés avoir donné les Pieces que j'ay nommées, & il s'appliqua à traduire en Vers l'Imitation de JESUS-CHRIST. Cet Ouvrage dont les Chapitres sont presque tous differens pour la mesure des Vers, mais où le mesme genie se remarque tousjours, est une des plus belles choses que nous ayons en ce genre.

Il sembloit avoir renoncé aux Pieces dramatiques, & selon toutes les apparences, il alloit employer le reste de ses jours à des Ouvrages de Pieté, car nul de ceux qui ont travaillé pour le Theatre, n'a eu des mœurs plus pures ni plus regulieres; si des Personnes constituées dans des postes, où il est presque impossible de leur rien refuser ne l'avoient engagé à s'y remettre. Il fit Oedipe, lequel, quoyqu'inferieur à beaucoup de ses autres Ouvrages eut encore les mesmes applaudissemens, & qui peut-estre regardé, si l'on en croit des Juges équitables, comme aussi parfait que l'Oedipe de Sophocle, le Chef-d'œuvre de ce grand Poëte. Il composa ensuite plusieurs Pieces de Theatre que quelques-uns ont pretendu se ressentir un peu de sa Vieillesse; mais d'autres asseurent que si elles n'ont pas eu autant de succés que celles qui les ont precedées, cela vient principalement de ce qu'il n'y a pas meslé beaucoup d'Amour, passion qui touche davantage les Spectateurs d'aujourd'huy que l'Horreur & la Pitié. Ils ajoustent que Corneille avoit retranché autant qu'il avoit pû cette passion de ces derniers Ouvrages pour s'estre convaincu avec le temps qu'elle estoit en quelque sorte indigne du Cothurne, & qu'elle avilissoit presque tousjours les Pieces où elle dominoit: Sentiment conforme à celuy des meilleurs Poëtes de l'Antiquité qui peu souvent ont mis de l'amour dans leurs grandes Tragedies. Il mourut le premier jour d'Octobre 1684. âgé de 78. ans.

Jean Baptiste Poquelin Moliere

JEAN-BAPTISTE POQUELIN DE MOLIERE.

OLIERE nâquit avec une telle inclination pour la Comedie qu'il ne fut pas possible de l'empescher de se faire Comedien. A peine eut-il achevé ses Estudes, où il réüssit parfaitement, qu'il se joignit avec plusieurs jeunes gens de son âge & de son goust, & prit la résolution de former une Trouppe de Comediens pour aller dans les Provinces joüer la Comedie. Son Pere bon Bourgeois de Paris & Tapissier du Roy, fâché du party que son Fils avoit pris, le fit solliciter par tout ce qu'il avoit d'Amis de quitter cette pensée, promettant s'il vouloit revenir chez luy, de luy achepter une Charge telle qu'il la souhaitteroit; pourvû qu'elle n'excedast pas ses forces. Ni les prieres, ni les remontrances de ses Amis soustenuës de ces promesses ne purent rien sur son Esprit. Ce bon Pere luy envoya ensuite le Maistre chez qui il l'avoit mis en pension pendant les premieres années de ses Estudes, esperant que par l'autorité que ce Maistre avoit eüe sur luy pendant ces temps-là, il pourroit le ramener à son devoir; mais bien loin que le Maistre luy persuadast de quitter la Profession de Comedien, le jeune Moliere luy persuada d'embrasser la mesme Profession, & d'estre le Docteur de leur Comedie, luy ayant representé que le peu de Latin qu'il sçavoit le rendroit capable d'en bien faire le Personnage, & que la vie qu'ils meneroient, seroit bien plus agreable que celle d'un Homme qui tient des Pensionnaires.

Sa Trouppe estant formée il alla joüer à Roüen, & de-là à Lyon, où ayant plû au Prince de Conty, qui jeune alors & non encore dans les sentimens de Pieté qui l'ont porté à écrire si solidement & si chrétiennement contre la Comedie, les prit pour ses Comediens & leur donna des Appointemens. De-là ils vinrent à Paris, où ils joüerent devant le Roy & toute la Cour. Il est vray que la Trouppe ne réüssit pas cette premiere fois: mais Moliere fit un Compliment au Roy, si spirituel, si delicat & si bien tourné, & joüa si bien son roolle dans la petite Comedie qu'il donna ensuite de la grande, qu'il emporta tous les suffrages, & obtint la permission de joüer à Paris. Il satisfit fort le Public sur tout par les Pieces de sa Composition, qui estant d'un genre tout nouveau attirerent une grande affluence de Spectateurs.

Jusques-là il y avoit eu de l'esprit & de la plaisanterie dans nos Comedies, mais il y ajousta une grande naïveté avec des Images si vives des mœurs de son siecle, & des Caracteres si bien marquez, que les Representations sembloient moins estre des Comedies que la verité mesme, chacun s'y reconnoissoit & plus encore son voisin, dont on est plus aise de voir les defauts que les siens propres. On y prit un plaisir singulier, & mesme on peut dire qu'elles furent d'une grande utilité pour bien des Gens.

Moliere avoit remarqué que les François avoient deux defauts bien considerables; L'un, que presque tous les jeunes Gens avoient du dégoust pour la Profession de leurs Peres, & que ceux qui n'estoient que Bourgeois vouloient vivre en Gentils-hommes & ne rien faire; ce qui ne manque point de les ruïner en peu de temps; Et l'autre, que les femmes avoient une violente inclination à devenir, ou du moins à paroiſtre Sçavantes, ce qui ne s'accorde point avec l'eſprit du menage, ſi neceſſaire pour conſerver le bien dans les familles. Il s'attacha à jetter du ridicule ſur ces deux vices, ce qui a eu un effet beaucoup au-de-là de tout ce qu'on pouvoit en eſperer. Il compoſa deux Pieces contre le premier de ces deſordres, dont l'une eſt intitulée: *Le Bourgeois Gentilhomme*, & l'autre: *Le Marquis de Pourceaugnac*. Il y a apparence que les jeunes gens en profiterent, du moins s'apperceut-on que les airs outrez de Cavalier qu'ils ſe donnoient diminuerent à veüe d'œil. Contre le defaut qui regarde les femmes il fit auſſi deux Comedies; L'une intitulée: *Les Precieuſes ridicules*; Et l'autre: *Les Femmes ſçavantes*. Ces Comedies firent tant de honte aux Dames qui ſe picquoient trop de bel Eſprit que toute la Nation des Precieuſes s'éteignit en moins de quinze jours, ou du moins elles ſe déguiſerent ſi bien là-deſſus qu'on n'en trouva plus, ni à la Cour, ni à la Ville, & meſme depuis ce temps-là elles ont eſté plus en garde contre la reputation de Sçavantes & de Precieuſes, que contre celle de Galantes & de Dereglées.

Il fit auſſi deux Comedies contre les Hypocrites & les Faux-devots, ſçavoir, le Feſtin de Pierre, Piece imitée ſur celle des Italiens du meſme nom, & le Tartuffe de ſon Invention. Cette Piece luy fit des affaires, parce qu'on en faiſoit des applications à des Perſonnes de grande conſideration, & auſſi parce qu'on pretendit que la vertu & le vice en cette matiere ſe prenant aiſément l'un pour l'autre, le ridicule tomboit preſque également ſur tous les deux, & donnoit lieu de ſe mocquer des Perſonnes de Pieté & de leurs remontrances. Cependant aprés quelques obſtacles qui furent levez auſſi-toſt, il eut permiſſion entiere de la joüer publiquement.

Il attaqua encore les mauvais Medecins par deux Pieces fort Comiques; dont l'un eſt le *Medecin malgré luy*, & l'autre le *Malade imaginaire*. On peut dire qu'il ſe méprit un peu dans cette derniere Piece, & qu'il ne ſe contint pas dans les bornes du pouvoir de la Comedie; car au lieu de ſe contenter de blâmer les mauvais Medecins, il attaqua la Medecine en elle-meſme, la traitta de Science frivole, & poſa pour principe qu'il eſt ridicule à un Homme de vouloir en guerir un autre. La Comedie s'eſt touſjours mocquée des Rodomons & de leurs rodomontades; mais jamais elle n'a raillé, ni les vrais braves, ni la vraye bravoure; Elle s'eſt réjoüie des Pedans & de la Pedanterie, mais elle n'a jamais blâmé, ni les Sçavans, ni les Sciences. Suivant cette regle il n'a pû trop mal-traitter les Charlatans & les ignorans Medecins, mais il devoit en demeurer-là & ne pas tourner en ridicule les bons Medecins, que l'Ecriture meſme nous enjoint d'honorer. Quoyqu'il en ſoit depuis les anciens Poëtes Grecs & Latins qu'il a égalez & peut-eſtre ſurpaſſez dans le Comique, aucun autre n'a eu tant de talent ni de réputation.

Il mourut le 13. Février de l'année 1673. âgé de 52. ou 53. ans. Il a ramaſſé en luy ſeul tous les talens neceſſaires à un Comedien. Il a eſté ſi excellent Acteur pour le Comique, quoyque trés-mediocre pour le ſerieux, qu'il n'a peu eſtre imité que trés-imparfaitement par ceux qui ont joüé ſon roolle aprés ſa mort. Il a auſſi entendu admirablement les habits des Acteurs en leur donnant leur veritable caractere, & il a eu encore le don de leur diſtribuer ſi bien les Perſonnages & de les inſtruire enſuite ſi parfaitement qu'ils ſembloient moins des Acteurs de Comedie que les vrayes Perſonnes qu'ils repreſentoient.

Philippe Quinault
Auditeur des Comptes de l'Academie francoise

PHILIPPES QUINAULT
DE L'ACADEMIE FRANÇOISE.

Monsieur Quinault estoit un de ces Genies heureux qui réüssissent dans tout ce qu'ils entreprennent, & qui ayant receu de la Nature une idée du Beau trés-vive & trés-distincte, y conforment avec facilité tout ce qu'ils font, souvent mesme sans le secours des Maistres & des Preceptes. Au sortir de ses Estudes il s'appliqua à la Poësie pour laquelle il avoit un talent extraordinaire, & composa dés l'âge de quinze ans des Comedies trés-agreables. Dans le mesme-temps il se mit chez un Advocat au Conseil pour apprendre les affaires, où bien-tost il se rendit habile.

Je ne puis m'empescher de rapporter icy une chose, à la verité peu importante, mais qui marque bien l'estenduë & la facilité de son esprit. Cet Advocat au Conseil le chargea de mener une de ses Parties, Gentilhomme d'esprit & de merite, chez son Rapporteur pour l'instruire de son affaire. Le Rapporteur ne s'estant pas trouvé chez luy & ne devant revenir que fort tard, M. Quinault proposa au Gentilhomme de le mener à la Comedie en attendant, & de le bien placer sur le Theatre. A peine y furent-ils que tout ce qu'il y avoit de Gens de la plus haute qualité vinrent embrasser M. Quinault & le feliciter sur la beauté de sa Piece qu'ils venoient voir representer, à ce qu'ils disoient, pour la troisiéme ou quatriéme fois. Le Gentilhomme estonné de ce qu'il entendoit, le fut encore davantage quand on joüa la Comedie, où le Parterre & les Loges retentissoient sans cesse des applaudissemens qu'on y donnoit. Quelque grande que fust sa surprise, elle fut encore toute autre, lorsqu'estant chez son Rapporteur il entendit M. Quinault luy expliquer son affaire, non seulement avec une netteté incroyable, mais avec des raisons qui en faisoient voir la justice avec tant d'évidence, qu'il ne douta plus du gain de sa Cause.

Les Comedies de M. Quinault furent pendant dix ou douze ans les delices de Paris & de toute la France, quoyque les Connoisseurs de Profession prétendissent qu'il n'y en avoit aucune où les regles fussent bien observées: imagination toute pure & qui n'avoit point d'autre fondement que la fausse prévention où ils estoient, qu'un jeune homme qui n'avoit pas estudié à fond la Poëtique d'Aristote ne pouvoit faire de bonnes Pieces de Theatre. Les Opera estant venus à la mode en France, Monsieur Quinault en fit de trés excellens, mais qui n'eurent pas d'abord les applaudissemens sans bornes qu'ils ont receus depuis. On tascha mesme d'en dégouster M. de Lully, mais cet excellent Homme avoit trop de goust & trop de sens, pour ne pas voir qu'il estoit impossible de faire des Vers plus beaux, plus doux & plus propres à faire paroistre sa Musique. Ce qui le charmoit encore davantage, c'est que Monsieur Quinault avoit le talent de faire des paroles sur les Airs de Danse dont il embelissoit ses Opera, qui y convenoient aussi bien & souvent mieux que si elles avoient esté composées les premieres.

Le Roy, ayant voulu donner à la Cour le divertissement des Opera, ne voulut point prendre d'autre Auteur que M. Quinault, qui continua à faire encore de plus belles choses, animé qu'il estoit de l'honneur de travailler pour Sa Majesté. Ses Pieces commencerent alors à prendre le dessus, & à se faire estimer de tout le monde. Mais quand il fut mort, & que divers Auteurs quoyque trés-habiles eurent fait voir qu'ils ne pouvoient atteindre au mesme degré de perfection, il n'est pas croyable à quel point sa réputation s'augmenta. On ne s'est pas contenté de dire qu'il estoit un Poëte excellent dans le Lyrique du Theatre, & que personne, ni des Anciens, ni des Modernes ne l'avoit égalé dans cette espece de Poësie, on a esté jusqu'à dire, & à le dire tout d'une voix, qu'il n'en viendroit peut-estre jamais un autre qui l'égalast. Il a fait encore beaucoup d'autres Poësies d'un autre genre qui ont esté fort estimées, & qui marquent l'abondance & la delicatesse de son Esprit. De ce nombre est la Description de la Maison de Seaux de M. Colbert, petit Poëme des plus ingenieux & des plus agreables qui se soient faits de ce temps-cy. La Harangue qu'il prononça en entrant dans l'Academie & deux autres qu'il fit au Roy sur ses Conquestes à la teste de cette Compagnie ont fait voir qu'il n'estoit pas moins bon Orateur que bon Poëte, sur tout lorsqu'ayant appris la nouvelle de la mort de Monsieur de Turenne au moment qu'il alloit haranguer le Roy, il en parla sur le champ d'une maniere si juste & si spirituelle qu'il seroit mal-aisé d'exprimer la surprise qu'en eut toute la Cour. Je ne dois pas oublier que dans la Charge d'Auditeur des Comptes qu'il a exercée pendant quinze ou seize ans, il en a fait toutes les fonctions avec autant d'exactitude, que les plus habiles de ses Confreres qui n'avoient point d'autre employ ny d'autre occupation.

Sur la fin de sa vie il eut regret d'avoir donné son temps à faire des Opera, & il prit la résolution de ne plus composer de Vers que pour chanter les loüanges de Dieu, & les grandes Actions de son Prince. Il commença par un Poëme sur la destruction de l'Heresie, dont voicy les quatre premiers Vers:

Je n'ay que trop chanté les Jeux & les Amours,
Sur un ton plus sublime il faut me faire entendre:
Je vous dis adieu Muse tendre,
Je vous dis adieu pour tousjours.

Il a laissé deux Filles dans le monde, l'une mariée à M. le Brun Auditeur des Comptes Neveu de l'excellent M. Le Brun Premier Peintre du Roy, & l'autre à M. Gaillard Conseiller de la Cour des Aydes. Il mourut le 26. Novembre 1688. âgé de 53. ans.

Jean de La Fontaine
de l'Academie Françoise

JEAN DE LA FONTAINE
DE L'ACADEMIE FRANÇOISE.

ONSIEUR DE LA FONTAINE nâquit à Chasteau-Thierry en l'année 1621. Son Pere, Maistre des Eaux & Forests de ce Duché le revestit de sa Charge dés qu'il fut capable de l'exercer, mais il y trouva si peu de goust, qu'il n'en fit la fonction, pendant plus de vingt années, que par complaisance. Il est vray que son Pere eut pleine satisfaction sur une autre chose qu'il exigea de luy, qui fut qu'il s'appliquast à la Poësie, car son Fils y réüssit au-de-là de ce qu'il pouvoit souhaiter. Quoyque ce bon Homme n'y connust presque rien, il ne laissoit pas de l'aymer passionnement, & il eut une joye incroyable, lorsqu'il vit les premiers Vers que son Fils composa.

Ces Vers se ressentoient comme la pluspart de ceux qu'il a faits depuis, de la lecture de Rabelais & de Marot, qu'il aymoit & qu'il estimoit infiniment. Le talent merveilleux que la Nature luy donna, n'a pas esté inferieur à celuy de ces deux Auteurs, & luy a fait produire des Ouvrages d'un agrément incomparable. Il s'y rencontre une simplicité ingenieuse, une naïveté spirituelle, & une plaisanterie originale qui n'ayant jamais rien de froid, cause une surprise tousjours nouvelle. Ces qualitez si delicates, si faciles à degenerer en mal & à faire un effet tout contraire à celuy que l'Auteur en attend, ont plû à tout le monde, aux Serieux, aux Enjoüez, aux Cavaliers, aux Dames & aux Vieillards, de mesme qu'aux Enfans.

Jamais Personne n'a mieux merité d'estre regardé comme Original & comme le Premier en son Espece. Non seulement il a inventé le genre de Poësie, où il s'est appliqué, mais il l'a porté à sa derniere perfection; de sorte qu'il est le premier, & pour l'avoir inventé, & pour y avoir tellement excellé que personne ne pourra jamais avoir que la seconde Place dans ce genre d'écrire. Les bonnes choses qu'il faisoit luy coustoient peu, parce qu'elles couloient de source, & qu'il ne faisoit presque autre chose que d'exprimer naturellement ses propres pensées, & se peindre luy-mesme. S'il y a beaucoup de simplicité & de naïveté dans ses Ouurages, il n'y en a pas eu moins dans sa vie & dans ses manieres. Il n'a jamais dit que ce qu'il pensoit, & il n'a jamais fait que ce qu'il a voulu faire. Il joignit à cela une humilité naturelle, dont on n'a gueres vû d'exemple; car il estoit fort humble sans estre devot, ni mesme regulier dans ses mœurs, si ce n'est à la fin de sa vie qui a esté toute Chrestienne. Il s'estimoit peu, il souffroit aisément la mauvaise humeur de ses Amis, il ne leur disoit rien que d'obligeant, & ne se faschoit jamais, quoyqu'on luy dist des choses capables d'exciter la colere & l'indignation des plus moderez. Monsieur Fouquet alors Sur-Intendant des Finances luy donna une Pension & luy fit beaucoup d'accueil ainsi qu'à ses Ouvrages, dont il y en a plusieurs où il l'a loüé trés ingenieusement, & où les beautez de sa Maison de Vaux-le-Vicomte sont dépeintes avec une grace admirable. Le peu de soin qu'il eut de ses affaires domestiques, l'ayant mis en estat d'avoir besoin du secours de ses Amis, Madame de la Sabliere Dame d'un merite singulier & de beaucoup d'esprit le receut chez elle, où il a demeuré prés de 20. ans. Aprés la mort de cette Dame. M. d'Hervart qui aymoit beaucoup M. de la Fontaine le pria de venir loger chez luy, ce qu'il fit & il y est mort au bout de quelques années.

Il a composé de petits Poëmes épiques, où les beautez de la plus grande Poësie se rencontrent & qui auroient pû suffire à le rendre celebre; mais il doit son principal merite & sa grande reputation à ses Poësies simples & naturelles. Son plus bel Ouvrage & qui vivra éternellement, c'est son recueil des Fables d'Esope qu'il a traduites ou paraphrasées. Il a joint au bon sens d'Esope des ornemens de son Invention si convenables, si judicieux & si réjoüissans en mesme-temps, qu'il est mal-aisé de faire une Lecture plus utile & plus agreable tout ensemble. Il n'inventoit pas les fables, mais il les choisissoit bien, & les rendoit presque tousjours meilleures qu'elles n'estoient. Ses Contes qui sont la pluspart de petites nouvelles en Vers sont de la mesme force, & l'on ne pourroit en faire trop d'estime s'il n'y entroit point presque par tout trop de licence contre la pureté; Les Images de l'Amour y sont si vives qu'il y a peu de Lectures plus dangereuses pour la Jeunesse, quoyque personne n'ayt jamais parlé plus honnestement des choses deshonnestes. J'aurois voulu pouvoir dissimuler cette circonstance, mais cette faute a esté trop publique & le repentir qu'il en a fait paroistre pendant les deux ou trois dernieres années de sa vie a esté trop sincere pour n'en rien dire. Il estoit de l'Academie Françoise, & lorsqu'il témoigna souhaitter d'en estre, il écrivit une Lettre à un Prelat de la Compagnie, où il marquoit & le déplaisir de s'estre laissé aller à une telle licence, & la resolution où il estoit de ne plus composer rien de semblable. Il mourut à Paris le 13. Avril 1695. âgé de 74. ans avec une constance admirable & toute Chrestienne.

Jean Baptiste Lully.
Sur-intendant de la Musique du Roy.

JEAN-BAPTISTE LULLY
SUR-INTENDANT DE LA MUSIQUE DU ROY.

'EXCELLENT homme qui se presente icy, ne devoit point, estant né en Italie, trouver place dans ce Recueil, suivant la Loy que nous nous sommes imposée de n'y admettre que des François; mais il est venu en France dans un si bas âge, & il s'y est naturalisé de telle sorte qu'on n'a pû le regarder comme un Estranger. D'ailleurs tous ses Ouvrages de Musique, & le Genie mesme qui les a produits ayant esté formez chez nous, il ne faut pas s'estonner si nous avons crû estre en droit de nous en faire honneur.

A son arrivée en France il s'attacha auprés de Mademoiselle de Montpensier, mais le Roy qui a le goust si exquis pour toutes les belles choses, n'eut pas plustost oüy des airs de sa Composition qu'il voulut l'avoir à son service. Il luy ordonna de prendre soin de ses Violons, car il joüoit de cet Instrument d'une maniere dont personne n'a jamais approché, & mesme Sa Majesté en crea une nouvelle bande en sa faveur, qu'on nomma les Petits-violons, qui instruits par luy, égalerent bien-tost & surpasserent mesme la Bande des Vingt-quatre, la plus celebre de toute l'Europe. Il est vray qu'ils avoient l'avantage de joüer des Pieces de la composition de M. de Lully, Pieces d'une espece toute differente de celles que jusques-là on avoit entenduës. Avant luy on ne consideroit que le chant du Dessus dans les Pieces de Violon; la Basse & les Parties du milieu n'estoient qu'un simple accompagnement & un gros Contrepoint, que ceux qui joüoient ces Parties composoient le plus souvent comme ils l'entendoient, rien n'estant plus aisé qu'une semblable Composition, mais M. Lully a fait chanter toutes les Parties presque aussi agreablement que le Dessus; il y a introduit des fugues admirables, & sur tout des mouvemens tout nouveaux, & jusques-là presque inconnus à tous les Maistres; il a fait entrer agreablement dans ses Concerts jusqu'aux Tambours & aux Timbales, Instrumens qui n'ayant qu'un seul ton sembloient ne pouvoir rien contribuer à la beauté d'une harmonie, mais il a sçû leur donner des mouvemens si convenables aux Chants où ils entroient, qui la pluspart estoient des Chants de guerre & de triomphe, qu'ils ne touchoient pas moins le cœur, que les Instrumens les plus harmonieux. Il a sçû parfaitement les Regles de son Art, mais au lieu que ceux qui l'ont precedé n'ont acquis de la réputation que pour les avoir bien observées dans leurs Ouvrages, il s'est particulierement distingué en ne les suivant pas, & en se mettant au dessus des Regles & des Preceptes. Un faux accord, une dissonance estoit un écueil où échoüoient les plus habiles, & ç'a esté de ces faux accords & de ces dissonances que M. de Lully a composé les plus beaux endroits de ses Compositions par l'Art qu'il a eu de les préparer, de les placer & de les sauver.

On ne luy a pas seulement l'obligation d'avoir composé des pieces de Musique qui ont fait pendant un trés-long-temps les delices de toute la France, & qui ont passé chez tous les Estrangers; mais d'avoir donné une nouvelle face à la Musique & de l'avoir renduë commune & familiere à tout le monde. Quand il est venu en France il y avoit prés de la moitié des Musiciens qui ne sçavoient pas chanter à Livre ouvert, la plusрart de ceux mesmes qui chantoient chez le Roy apprenoient leur partie par cœur avant que de la chanter. Aujourd'huy il n'y a presque plus de Musiciens, soit de ceux qui chantent, soit de ceux qui touchent des Instrumens, qui n'executent sur le champ tout ce qu'on leur presente, avec autant de justesse & de propreté que s'ils l'avoient estudié pendant plusieurs journées. On admiroit un Maistre qui sçavoit accompagner sur la Basse-continuë, aujourd'huy une jeune fille qui joüe du Clavecin ou du Theorbe auroit de la peine à s'entendre loüer de si peu de chose.

On n'a gueres veu que ceux qui ont excellé dans les chants profanes ayent eu le mesme avantage à composer des chants d'Eglise, cependant il a réüssi parfaitement dans ces deux genres de Musique, & quand il a fait chanter des Tenebres de sa Façon, on ne l'a pas moins admiré que dans l'execution de ses plus beaux Opera, parce qu'il a eu l'art d'entrer également bien dans l'esprit de ces musiques differentes. C'est ce qui porta le Roy à le faire Sur-Intendant de sa Musique, Charge qu'il meritoit souverainement, & à laquelle il joignit peu de temps aprés celle de Secretaire du Roy. Il mourut à Paris le 22. Mars 1687. dans la cinquante-quatriéme année de son âge; Il est enterré dans l'Eglise des Petits-Peres Augustins Déchaussez, où il a fait bastir une Chappelle, & où sa Veuve luy a fait élever un trés-beau Mausolée. Il a laissé six enfans, trois garçons & trois filles.

Rien n'est comparable à la beauté de tous les Opera qu'il a faits. Comme dans ces Ouvrages il a joint à la force du genie de sa Nation, la politesse & les agrémens de la Nostre, l'Italie n'a presque rien qu'elle puisse leur opposer. C'est une varieté inconcevable de modulations & de mouvemens. Ce sont tous Airs qui sans se ressembler ont cependant un certain caractere de douceur & de noblesse, qui marque leur commune Origine. Il est vray qu'il a eu le bonheur de trouver un Poëte dont les Vers ont esté dignes de sa Musique, & tels qu'il pouvoit les desirer pour bien mettre en leur jour toutes les beautez & toutes les delicatesses de son Art, mais ce bonheur luy estoit deu afin qu'il ne restast rien à desirer à ses Ouvrages.

Francois Mansart
Architecte du Roy

FRANÇOIS MANSART ARCHITECTE.

RANÇOIS MANSART nâquit à Paris en l'année 1598. Son Pere qui estoit Architecte & qu'il perdit fort jeune, le laissa entre les mains de son Beaufrere qui estoit de la mesme profession & qui eut soin de luy apprendre les premiers Elemens de l'Architecture. Ce jeune Eleve avoit apporté en naissant toutes les dispositions necessaires pour réüssir dans ce bel Art, un goust exquis & un esprit solide & profond, qui cherchoit tousjours quelque chose de plus beau que ce qu'il voyoit faire aux autres. La pratique qu'il joignit de bonne heure à l'Estude & aux Reflexions, luy acquit en peu de temps beaucoup d'habileté & beaucoup de reputation. Ses pensées estoient nobles & grandes pour le dessein general d'un Edifice, & son choix tousjours heureux & delicat pour les Profils de tous les membres d'Architecture qu'il y employoit.

Ses Ouvrages qui ont embelli Paris & ses Environs, & mesmes plusieurs Provinces sont en si grand nombre, que je ne rapporteray que les principaux. Les premiers ont esté le Portail de l'Eglise des Feüillans de la ruë S. Honoré, le Chasteau de Berny, & le Chasteau de Baleroy en Normandie, ensuite celuy de Blerancour, une partie de celuy de Choisy sur Seine & de celuy de Petit-bourg. Le nouveau Chasteau de Blois est tout entier de sa façon, & il a fait une partie des dedans de Richelieu & de Coulommiers. Il a fait tous les dehors du Chasteau & des Jardins de Gesvres en Brie, & la plus grande partie de celuy de Fresne, où il y a une Chappelle qui est en mesme-temps, & le modele de l'Eglise du Val-de-Grace à Paris, & un Chef-d'œuvre d'Architecture. Le Chasteau de Maisons dont il a fait faire tous les Bastimens & tous les Jardinages, est d'une beauté si singuliere, qu'il n'est point d'Estrangers curieux qui ne l'aillent voir comme une des plus belles choses que nous ayons en France. L'Hostel de la Vrilliere & l'Hostel de Jars qu'il fist construire environ dans le mesme-temps, ne meritent pas moins d'estre considerez pour la beauté & l'élegance de leur Architecture. L'Eglise des Filles de Sainte Marie dans la ruë S. Antoine est de luy, de mesme qu'une partie de l'Hostel de Conty, l'Hostel de Boüillon, & le Portail des Minimes de la Place Royale, jusqu'à la premiere Corniche seulement. Il a basti plusieurs choses à l'Hostel de Carnavalet de trés-bon goust, sur tout le Corps-de Logis sur la ruë, où il a conservé l'ancienne Porte & des Bas-reliefs, dont elle est ornée, parce qu'il les trouva trés-beaux, & qu'il n'eut point cette maligne envie de plusieurs Architectes qui ne manquent point de faire abbatre les morceaux d'Architecture, dont la comparaison avec les leurs pourroit leur estre desavantageuse. L'Eglise du Val-de Grace a esté bastie sur son dessein, & conduite par luy jusqu'au dessus de la grande Corniche du dedans. Lorsqu'on en estoit-là, on fit entendre à la Reine Mere Fondatrice du Couvent, que cette Eglise sur le pied qu'elle estoit commencée ne pouvoit s'achever qu'avec des sommes immenses, & qui excederoient beaucoup celles que Sa Majesté y avoit destinées. Elle s'en plaignit à M. Mansart, & n'ayant pas receu de ses responses toute la satisfaction qu'elle en attendoit, Elle chargea d'autres Architectes de ce qui restoit à faire. C'est asseurement une des plus belles Eglises qu'il y ayt au monde, mais il y a lieu de croire qu'elle auroit esté encore plus belle si M. Mansart y eust mis la derniere main. Elle n'auroit peut-estre pas esté chargée de tant d'ornemens de Sculpture, mais elle n'en auroit pas esté moins ornée. Peut-estre aussi que le Dome quelque beau & majestueux qu'il soit, auroit eu quelque chose de plus élegant & de plus degagé, s'il eust esté fait entierement dans le goust de Mansart. L'on peut en juger ainsi par la beauté du Dome des Invalides fait par M. Mansart d'aujourd'huy premier Architecte de Sa Majesté, & digne Neveu de celuy dont je parle, parce qu'il a le mesme goust que son Oncle.

Cet excellent Homme qui contentoit tout le monde par ses beaux Ouvrages ne pouvoit se contenter luy-mesme; il luy venoit tousjours en travaillant de plus belles Idées que celles où il s'estoit arresté d'abord, & souvent il a fait refaire jusqu'à deux & trois fois les mesmes morceaux pour n'avoir pû en demeurer à quelque chose de beau, lorsque quelque chose de plus beau se presentoit à son imagination. C'a esté cette abondance de belles pensées qui a empesché que la Façade principale du Louvre n'ayt esté bastie sous sa conduite & sur ses desseins; & parce que la Posterité sera estonnée que dans le temps où il estoit dans sa plus grande reputation, on ayt fait venir en France pour cet Ouvrage le Cavalier Bernin, qui asseurement n'avoit aucun avantage sur luy du costé de l'Architecture, je me croy obligé de dire comment la chose se passa. M. Colbert, avant que d'envoyer à Rome pour avoir des desseins des meilleurs Architectes d'Italie, manda Monsieur Mansart & le pria d'apporter ceux qu'il avoit faits pour le Louvre. Il luy dit qu'il seroit bien aise de luy voir bastir la Façade de ce Palais, ne doutant point que s'agissant de servir le Roy dans un Ouvrage si important, il ne fist quelque chose d'admirable. M. Mansart ouvrit son Porte-feüille, & fit voir plusieurs Desseins tous trés-beaux & trés-magnifiques, mais dont il n'y en avoit pas un seul qui fust fini & arresté. Il y avoit par tout deux ou trois pensées differentes à choisir; l'une marquée avec du crayon, l'autre avec de l'encre, & l'autre avec de la sanguine. M. Colbert témoigna estre extremement satisfait de la beauté & de l'abondance de toutes ces differentes Idées, mais il ajousta qu'il falloit se determiner, prendre les plus belles & les mettre au net, ensuite les presenter au Roy pour en choisir une, aprés quoy il n'y auroit plus qu'à l'executer promptement sans y rien changer. M. Mansart répondit qu'il ne pouvoit se lier ainsi les mains, & qu'il vouloit se conserver tousjours le pouvoir de mieux faire, & se rendre par-là plus digne de l'honneur que l'on luy faisoit. M. Colbert luy répondit que s'il n'estoit question que d'un Bastiment pour luy, il n'auroit aucun chagrin de le voir abbatre huit & dix fois de suite, pourveu qu'il parvint à avoir un Edifice de sa Façon, mais que s'agissant d'un Bastiment pour le Roy, & d'un Bastiment tel que le Louvre, il ne pouvoit ni ne devoit y faire travailler aux conditions que M. Mansart demandoit. Ils persisterent l'un & l'autre dans leur résolution, & la chose en demeura-là. Il mourut au mois de Septembre 1666. âgé de 69. ans. C'est luy qui a inventé cette sorte de Couverture qu'on nomme Mansarde, ou en brisant les toits on augmente l'espace qu'ils renferment & on trouve moyen d'y pratiquer des Logemens trés-commodes & trés-agreables.

Nicolas Poussin
Peintre

NICOLAS POUSSIN
PEINTRE.

UAND on est né pour exceller dans quelque Art ou dans quelque Science, les semences que la Nature en a jettées dans l'ame germent de si bonne heure qu'on en voit des marques visibles dés la premiere enfance. Nicolas Poussin qui venoit au monde pour estre un des meilleurs Peintres de son siecle, fit connoistre son talent dés que sa main fut assés forte pour exprimer par des lineamens les Images qu'il avoit dans l'esprit. Il nâquit en 1594. à Andely en Normandie, où il se trouva un Peintre nommé Varin, qui jugeant où pouvoient aller de tels commencemens, conseilla à ses Parens qui estoient faschez de le voir s'amuser à dessigner, au lieu de s'appliquer aux Estudes ordinaires, de le laisser suivre son inclination, & il l'aida beaucoup de ses Conseils & de ses Préceptes. Dés qu'il eut atteint l'âge de 18. ans il vint à Paris, où aprés avoir estudié sous differens Maistres, il fit quelques Voyages en Province & particulierement à Blois, où il peignit deux Tableaux dans l'Eglise des Capucins qu'on va voir avec admiration, quoyqu'ils se ressentent un peu de la foiblesse de son âge. Il fit six Tableaux à Détrampe pour la Ceremonie de la Canonisation de S. Ignace & de S. François Xavier, & quoyque ces six Tableaux eussent esté faits en six jours ou peu davantage, ils furent trés estimez & luy firent beaucoup d'honneur. Le Cavalier Marin excellent Poëte Italien s'estant trouvé à Paris dans ce temps-là, ils firent amitié ensemble, & le plaisir que prit le Poussin à representer les plus belles pensées de son amy, tirées la plus-part de son Poëme de l'Adonis, ne servit pas peu à reveiller & à augmenter en luy le Genie Poëtique de l'invention, si necessaire aux Peintres.

Il alla à Rome & y arriva au Printemps de l'année 1624. Ses Ouvrages n'y furent pas estimez d'abord, quoyque trés-beaux, parce que sa maniere de peindre n'estoit pas du goust qui regnoit alors, il arriva mesme que les Copies qu'on en fit se vendirent davantage que ses Originaux, & il ne toucha que soixante escus du Tableau de la Peste, que le Duc de Richelieu a depuis achepté mille escus. Il portoit tousjours des Tablettes sur lesquelles il dessinoit en passant dans les ruës les Attitudes qui luy sembloient belles & dignes d'estre remarquées, & les beaux morceaux de Paysages, lorsqu'il estoit à la Campagne. Il apprit les Mathematiques du Pere Mathé Zoccolini, & l'Anatomie du Vasale. Il s'appliqua particulierement à faire des Tableaux de Chevalet d'une moyenne grandeur, où les figures fussent assez grandes pour en pouvoir bien remarquer toutes les proportions, & y placer tout le détail des Expressions les plus fines & les plus délicates. Le nombre des beaux Tableaux qu'il a faits est presque innombrable.

Entre les plus celebres on compte les sept Sacremens qu'il a peints deux fois, la premiere pour le Cavalier del Pozzo son intime Amy, & la seconde pour M. de Chantelou Maistre d'Hostel du Roy; plusieurs évenemens de l'Histoire de Moyse, comme son Exposition sur les eaux du Nil, la Manne qui tombe dans le Desert, & le frappement de la Roche; Rebecca, les Aveugles de Jericho, celuy du Deluge, celuy de Pyrrhus & plusieurs autres qui sont un des principaux ornemens du Cabinet du Roy.

M. Desnoyers qui l'estimoit & l'aimoit beaucoup l'obligea par les Lettres pressantes qu'il luy écrivit, & par celles qu'il porta le Roy à luy écrire, de venir en France pour honorer la Sur-Intendance des Bastimens que Sa Majesté venoit de luy donner. Les premiers Ouvrages qu'on luy fit faire dés qu'il fut arrivé fut le Tableau d'Autel de la Chappelle de S. Germain en Laye, qui est une Cene, où la beauté de l'Ordonnance & particulierement l'entente des lumieres ne reconnoissent rien de plus beau en ce genre-là. Il fit, à peu prés dans le mesme-temps, le Tableau du grand Autel du Noviciat des Jesuites qui est de la mesme force. Il fut chargé de faire des Desseins pour la grande Gallerie du Louvre. Il est aisé de s'imaginer qu'avec le merite qu'il avoit, & qu'ayant esté mis à la teste de tous les Ouvrages de Peinture & en quelque façon d'Architecture, parce qu'il y en entroit beaucoup dans le Dessein du Plafond de cette Gallerie, il ne manqua pas d'Ennemis qui le contredirent, mais il soustint son Dessein par de trés-bonnes raisons, faisant voir que s'il n'estoit pas aussi orné ni aussi chargé d'Ouvrages que l'auroient voulu ses Adversaires, il le faisoit à cause de la longueur extraordinaire de ce Vaisseau, afin que la veüe ne fust pas fatiguée d'un trop grand nombre de differens objets, afin que l'Ouvrage se pust achever & ne fust pas d'une despense immense & en quelque façon sans bornes. On luy reprocha que dans plusieurs de ses Tableaux il y avoit quelque chose de dur, de sec, & d'immobile, deffaut qu'on prétendoit venir de ce qu'il s'estoit trop appliqué à estudier & à copier les Bas-reliefs Antiques. Quelques-uns le blâmerent aussi d'avoir donné à l'air de teste du CHRIST du Tableau de S. Germain en Laye & de plusieurs autres Tableaux, quelque chose qui tenoit plus d'un Jupiter tonnant que du Sauveur du monde. & enfin qu'ayant voulu trop s'éloigner des manieres douces & tendres qui estoient fort à la mode, comme celles de l'Albane & du Guide, auquel il préferoit beaucoup le Dominiquain, comme plus fort dans le Dessein & dans les Expressions, il avoit donné un peu trop dans la maniere austere & précise. D'autres prétendent que ces deffauts ne sont autre chose que des beautez un peu trop grandes pour les yeux qui n'y sont pas accoustumez. Quoyqu'il en soit personne n'a esté plus loin pour bien marquer le vray caractere de ses Personnages, & sur tout pour la beauté, la noblesse & la naïveté des Expressions qui est sans contredit la plus belle & la plus touchante partie de la Peinture. Il mourut à Rome le 19. Novembre 1665. âgé de 71. ans & 5. mois.

Jac. Lubin sculp.
Charles Le Brun
1er Peintre du Roy

CHARLES LE BRUN.
PREMIER PEINTRE DU ROY.

N a de la peine à remonter assés haut dans la vie de l'excellent Homme dont je vais parler, pour trouver un temps où il ne fust pas desja un Peintre trés-habile. On voit un Portrait de son Ayeul, Sculpteur à Paris, qu'il fit à l'âge de dix ou douze ans, où l'on remarque autant d'Art & de force que dans les Ouvrages des meilleurs Peintres. On peut voir aussi sur une des cheminées du Palais Royal un Hercule assommant les chevaux de Diomede, qu'il fit à l'âge de quinze ans, & qui fait honte à la pluspart des Tableaux des meilleurs Maistres.

Il estudia sous Simon Voüet premier Peintre du Roy, trés-habile dans sa Profession, qu'il égala & surpassa en peu de temps, ayant tousjours eu la force de ne rien prendre de ce qu'il pouvoit y avoir de moins bon dans la maniere de son Maistre. Outre le don de peindre qu'il avoit dans un trés-haut degré, il avoit l'esprit net & penetrant, capable de reüssir en tout ce qu'il auroit voulu entreprendre. M. le Chancelier Seguier touché des bonnes qualitez de ce jeune Peintre le fit voyager en Italie, où il enleva presque tous les secrets de son Art enfermez dans les beaux Ouvrages qui s'y trouvent. Il y fit une Estude particuliere, sur les Bas-reliefs antiques, de tous les Habillemens, de toutes les Armes, & de tous les Ustenciles dont se servoient les Anciens selon les differens Pays, & par une continuelle Lecture de l'Histoire & de la Fable, il acquit une connoissance si exacte des differens caracteres de tous les Heros, & de tous les Hommes; de leurs Usages, & de leurs Coustumes, que personne n'a jamais representé toute sorte de sujets avec plus de naïveté & plus de bienseance, & n'a mieux observé ce que les Maistres de l'Art appellent *le Costume*. Pour s'en convaincre il ne faut que voir les cinq grands Tableaux qu'il a faits de l'Histoire d'Alexandre, & particulierement celuy de la Famille de Darius, où les airs de teste ne donnent pas moins à connoistre les differens Pays des personnes qui y sont representées, que leurs Habillemens fidellement designez sur l'Antique. Ces cinq Tableaux sont peut-estre en leur genre les plus beaux qu'il y ayt au monde, & l'on peut esperer que quelque soit la prévention où l'on est pour tout cequi vient d'Italie, & le peu d'estime que les François font des Ouvrages de leur siecle, & sur tout de leurs Compatriotes, on leur rendra la justice qui leur est dûë, lorsque le temps y aura ajoûté la beauté, & si cela se peut dire, le vernis qu'il donne tousjours aux excellens Tableaux.

Son plus grand Ouvrage est le Plafond de la Gallerie de Versailles, où l'Histoire du Roy est representée d'une maniere allegorique & trés-ingenieuse. Il a peint la Voute du grand Escalier de ce mesme Chasteau d'une Fresque admirable, on y voit les Muses occupées à celebrer les Actions & les Vertus du mesme Prince. Le Plafond de cet Escalier a esté gravé de mesme que les cinq Tableaux de l'Histoire d'Alexandre; les Estampes en sont recherchées & admirées de tout le monde. Le Recueil des Estampes gravées d'aprés ses Ouvrages est le plus ample & le plus nombreux qui ayt jamais esté fait d'aprés les Tableaux d'aucun autre Peintre.

Comme il avoit un genie universel, & que le Roy qui l'estimoit beaucoup, & qui l'avoit choisi pour son premier Peintre, luy avoit aussi donné une Direction generale sur toutes les Manufactures des Gobelins. On peut dire que tout ce qui s'est fait dans les Manufactures de cette Maison, Tapisseries, Cabinets, Ouvrages d'Orfevrerie, de Marqueterie, tiennent de luy ce qu'ils ont de beau & d'élegant, le tout ayant esté travaillé sur ses desseins, sous ses yeux & sous sa conduite, de mesme que la pluspart des Ouvrages de Peinture & de Sculpture qui ont esté faits de son temps à Versailles & aux autres Maisons Royales. C'est sur ses Desseins peints en grand par ses meilleurs Esleves, que les Tapisseries de l'Histoire du Roy ont esté faites de mesme que celles des Elemens & des quatre Saisons de l'année. Cette estenduë de genie est une chose qu'on a de la peine à concevoir, & qu'on ne peut trop admirer. Je ne parle point des Tableaux de Chevalet & de plusieurs autres qu'il a faits pour les Eglises de S. Sulpice, des Carmelites & plusieurs autres encore, parce que le nombre en est trop grand, & qu'ils sont exposez à la vûë de tout le monde. Il gouvernoit la Manufacture des Gobelins & tous ceux qui y travailloient, comme auroit fait un Pere de famille, presque sans cesse occupé à leur donner de l'Ouvrage & à le corriger, ou à solliciter leurs affaires auprés des Magistrats, dont il estoit honoré & tousjours bien receu.

Il a laissé deux Traittez admirables, l'un de la Physionomie, & l'autre des differens Caracteres des Passions. Il ne s'est pas contenté d'expliquer par le discours les differens effets que chaque Passion exprime sur le visage, il les a dessignées en grand de sa main mesme en plusieurs façons differentes. Le premier crayon ne marque que le premier trait characteristique de chaque Passion sans jours & sans ombres; le second le marque davantage par un amas de petites circonstances qu'il y ajouste; & le troisiéme ayant tous les jours & toutes les ombres qui luy sont necessaires, ne laisse rien à desirer pour l'Expression parfaite de la Passion. Il y a joint des figures de la pluspart des animaux qui ont quelque chose de ce qui se trouve dans la Physionomie de l'Homme; ce qui sert à connoistre leur inclination naturelle par rapport à celle de ces mesmes animaux.

Il avoit entrepris un grand travail, qui estoit de peindre toutes les Actions principales de la Vie de JESUS-CHRIST en Tableaux de Chevalet de six à sept pieds de long sur quatre pieds & demy de haut. Il y en a quatre où il a mis la derniere main & qui sont d'une beauté admirable; Ce sont le Portement de Croix, l'Elevation en Croix, l'Entrée en Jerusalem & la Nativité. Il travailloit, lorsqu'il fut surpris de la maladie dont il est mort, au Tableau de la Cene, qui devoit estre, si l'on en juge par les Estudes qu'il avoit faites sur la maniere dont les Juifs celebrent la Pasque, encore plus beau & plus curieux que tous les autres. Il mourut aux Gobelins le 12. Février 1690. & fut enterré à S. Nicolas du Chardonnet, où sa Veuve luy a fait élever un Tombeau trés-magnifique, celuy de sa Mere qui est de son Dessein, & un Tableau d'Autel representant S. Charles Borromée dans la ferveur de la Priere, peint par luy-mesme, font avec son Mausolée une des plus belles Chapelles qu'il y ayt à Paris.

Eustache le Sueur pinxit
P. Van Schuppen sculp. 1696
Eustache le Sueur
Peintre de l'Academie R. de Peinture et Sculpt.

EUSTACHE LE SUEUR
PEINTRE.

ON peut dire de l'Excellent Peintre dont je vais parler, qu'il ne luy a manqué qu'une chose, qui est de vivre plus long-temps, car s'il eust continué à se perfectionner dans la Peinture à proportion de ce qu'il a fait jusqu'à l'âge de 38. ans où il est mort, il auroit surpassé ou du moins égalé tout ce qu'il y a jamais eu de grands Peintres. Cette destinée luy est commune avec Raphaël qui mourut environ dans le mesme âge.

Il fut de l'Academie Royale de Peinture & de Sculpture dés les premiers jours de son establissement. Il estudia sous Voüet comme tous les jeunes Peintres de son temps, & au lieu que les Disciples se font tous estimer à proportion de ce qu'ils imitent bien leur Maistre, celuy-cy, de mesme que Monsieur le Brun, & quelqu'autres encore qui avoient un Genie superieur pour la Peinture, s'est fait considerer pour avoir quitté de bonne heure la maniere de son Maistre, parcequ'encore que Voüet fust tres-habile Homme, le Sueur avoit un goust beaucoup plus exquis & plus delicat. Le premier Ouvrage de consequence qu'il entreprit, fut la Vie de S. Bruno qu'il peignit dans le Cloistre des Chartreux de Paris dans vingt-deux Tableaux d'une beauté admirable, & dont quelques-uns par une malice incroyable, & de laquelle on n'a jamais pû découvrir les Auteurs, ont esté gastez considerablement dans les endroits où il y avoit de plus nobles & de plus vives Expressions. Il fit tout cet Ouvrage en trois années. On a de la peine à comprendre, quand on considere avec quel soin & avec quelle estude tous les Tableaux sont peints, comment il a pû en venir à bout en si peu de temps, cependant quelques beaux qu'ils soient, il faut convenir que ceux qu'il a faits depuis en divers endroits le sont la pluspart encore davantage du costé de la correction & de la force de la couleur. Un des plus beaux est celuy qu'il fit pour estre mis à Nostre-Dame en l'année 1650. suivant la Coustume que les Orfévres observent depuis long-temps d'y en presenter un tous les ans au premier jour du mois de May. S. Paul y est representé preschant dans la Ville d'Ephese & convertissant les Gentils qui apportent leurs Livres de Sciences profanes pour estre bruslez. Il a fait un Tableau d'un CHRIST mourant pour les Capucins de la ruë S. Honoré; un Tableau de la Magdelene, & un autre du Martyre de S. Laurent pour l'Eglise de S. Germain de l'Auxerrois & quelques Tableaux de l'Histoire de S. Martin pour les Religieux de Marmoutier. Il fit sur la fin de sa vie deux Tableaux de l'Histoire de S. Gervais & de S. Prothais pour estre copiez comme ils l'ont esté dans les Tapisseries qu'on voit à S. Gervais; ces Tableaux sont d'une beauté extraordinaire.

Ce que le Sueur avoit de plus remarquable, c'est qu'il n'y avoit rien d'affecté dans sa maniere. C'estoit la belle Nature prise d'aprés l'idée du Beau qu'il representoit en autant de façons differentes, que les differens sujets le demandoient, n'ayant aucunes attitudes, aucunes manieres de groupper, de disposer, de drapper ou de colorier qui luy fussent plus ordinaires que les autres, marque certaine de la force & de la facilité d'un Genie qui ne s'assujettissant à rien de ce qu'il a veu, ni mesme de ce qu'il a fait, se figure les objets selon que le demande la vray-semblance de son Histoire, peignant ce qu'il voit dans son idée quand il travaille d'invention, comme il peint ce qu'il voit au dehors de luy, quand il travaille d'aprés Nature. Son bon goust luy avoit fait prendre dans l'Estude des Figures & des Bas-reliefs antiques, ce qu'ils ont de grand, de noble & de majestueux, sans en imiter ce qu'ils peuvent avoir de sec, de dur & d'immobile, & luy faisoit tirer des Ouvrages modernes ce qu'ils ont de gracieux, de naturel & d'aisé, sans tomber dans le foible & le mesquin qu'on leur reproche.

Quelques Gens ont trouvé qu'il luy manquoit d'avoir esté à Rome; mais on ne remarque point dans ses Ouvrages ce qui a pû les faire parler de la sorte, ses Tableaux ayant tout le bon goust & toute la noblesse que l'on peut prendre en Italie. Il a esté vray long-temps qu'il falloit aller à Rome & y estudier un temps considerable pour réüssir dans la Peinture & dans la Sculpture, mais cette maxime commence à n'estre plus vraye depuis qu'on a transporté en France une partie des plus beaux Tableaux & des plus belles Statuës qui faisoient aller en Italie, parce que si on n'a pas les Figures en original, on les a du moins fort bien moulées, ce qui suffit pour en prendre le goust & la maniere. Il n'y a plus guéres que ceux qui se connoissent peu en ces sortes de choses & qui veulent pourtant paroistre Connoisseurs qui prétendent que cela soit ainsi, parce qu'il est bien plus aisé de sçavoir, si un Ouvrier a esté à Rome, ou s'il n'y a pas esté, que de sçavoir si son Ouvrage est excellent ou mediocre. On ne disconvient pas qu'il ne soit tres-utile à un Peintre de voyager en Italie pour se former le goust sur les beaux Ouvrages qu'on y trouve de tous costez, mais l'exemple de celuy dont je parle fait bien voir que cette condition n'est pas absolument necessaire pour rendre un homme habile dans ce bel Art. Il mourut au mois de May de l'année 1655. âgé de 38. ans, & est enterré en l'Eglise de S. Estienne du Mont.

Jac. Lubin Sculp.
Jacques Calot Graveur

JACQUES CALOT
GRAVEUR.

Acques Calot estoit Lorrain & nâquit à Nancy en l'année 1594. Ses Parens, qui estoient Nobles, le destinoient à toute autre chose qu'à la gravûre, mais son inclination se trouva tellement portée à dessiner tout ce qu'il voyoit, que pour en avoir la liberté toute entiere, & n'en estre point détourné par ceux qui avoient autorité sur luy, il se deroba de la maison de son Pere dés son plus bas âge, & s'en alla à Rome pour se perfectionner dans l'Art qu'il avoit embrassé. Là, il fut disciple du nommé Jules le Parisien Peintre habile, qui le voyant trop enclin à dessiner des Grotesques, où il se plaisoit beaucoup, l'obligea à copier les bons Ouvrages des plus excellens Maistres pour se former le goust aux bonnes choses. En 1612. il alla à Florence n'ayant encore que 18. ans, où la premiere Estampe qu'il grava fut un *Ecce Homo*, avec des Vers au dessous qu'on croit estre de sa façon.

Il grava plusieurs Desseins de son Maistre Jules le Parisien, mais qui n'approchent pas de ceux qu'il faisoit d'Invention, & qu'il donna en l'année 1616. Les mesmes Figures qui y sont gravées avec toutes leurs ombres, y sont aussi gravées vis-à-vis avec le simple trait pour mieux en faire voir la justesse du Dessein, & aussi afin d'aider les Estudians en demeslant les traits qui font le contour de la Figure d'avec ceux qui ne servent que pour l'ombrer & pour luy donner du relief & de la rondeur. Cosme Second Grand Duc de Toscane pour lequel il travailloit & qui l'aimoit beaucoup estant mort, il fut invité par le Pape à venir à Rome, & par l'Empereur à aller à Vienne; mais il aima mieux venir en France, où il fit une infinité de trés-beaux Ouvrages. Il grava à Paris deux veües de cette grande Ville: L'une où la Ville est regardée de l'endroit à peu prés où vient d'estre basti le Pont Royal, & d'où se voit le Louvre, le Pont-neuf, & toute la Ville avec la Riviere. Là sur un grand nombre de toute sorte de batteaux, on voit une infinité de Figures qui semblent estre toutes en mouvement; Et l'autre où la Ville est regardée du Pont-neuf & represente le mesme Louvre, la Tour de Nesle, la Porte de la Conference & le Paysage au-de-là avec tout ce qui se passe sur la Riviere. Ce sont deux Chef-d'œuvres, soit pour la Perspective qui y est admirablement bien observée, soit pour la verité des objets, soit pour la variété & la naïveté des Figures.

Il grava aussi estant en France trois Sieges fort memorables, celuy de S. Martin de Ré, celuy de Breda & celuy de la Rochelle. Sur le devant les Figures sont d'une grandeur assez considerable, & dans l'esloignement elles sont d'une petitesse presque imperceptible & cependant aussi distinguées & aussi reconnoissables que si elles n'estoient qu'à quinze ou vingt pas. Les Miseres de la Guerre, representées en dix ou douze Planches, sont un de ses plus beaux Ouvrages. Là tout ce qui se peut imaginer touchant le mal que font souffrir les Soldats, ou qu'ils souffrent eux-mesmes pendant la Guerre est exprimé avec une naïveté admirable. On eſt ſurpris que l'imagination d'un ſeul Homme ait pû ſe figurer tant de choſes ſi differentes & toutes ſous des Images ſi naturelles. Il a fait des Eſtampes de tous les Saints & de tous les Myſteres contenus dans le Calendrier. Il en a fait auſſi de la pluſpart des Monnoyes de l'Europe. Il a repreſenté une infinité de Groteſques tres-agreables. Je n'entreprendray point de rapporter icy tous ſes Ouvrages, il vaut mieux que le Lecteur ſe donne le plaiſir d'en voir luy-meſme le Recueil qui, quoyque trés-précieux, n'eſt pas difficile à recouvrer à cauſe du point d'honneur que les Curieux ſe font d'avoir ſon œuvre tout entier, ce point d'honneur eſt ſi vif & l'on peut dire ſi bizare que celle de ſes Eſtampes nommée l'Eſpiegle (qui eſt la moindre de toutes & dont il caſſa la Planche aprés qu'on en eut tiré quelques-unes, parce qu'il n'en eſtoit pas content) s'achepte vingt fois plus cher que les autres pour ſe pouvoir vanter que l'on a tout.

Calot a eſté admirable en bien des Parties; mais il l'a eſté particulierement à faire les Figures en petit, & à ſçavoir faire trouver dans deux ou trois traits de Burin, l'Action, la Demarche, l'intention & meſme juſqu'à l'Humeur & au Caractere particulier de chaque Figure. Il avoit encore une addreſſe ſinguliere à ramaſſer en peu de place une infinité de choſes, & ſi cela ſe peut dire, le don de créer de l'eſpace, car en un pouce d'eſtenduë il faiſoit voir diſtinctement cinq ou ſix lieües de Pays & une multitude inconcevable de Perſonnages. Il n'y a point eu avant luy de Graveur d'un ſemblable talent, & à la reſerve de l'excellent M. le Clerc qui le ſuit à ne pas demeurer derriere, il n'en eſt point venu depuis qui en ayt approché. Gaſton Duc d'Orleans l'aimoit beaucoup & prenoit un ſingulier plaiſir à le faire travailler en ſa preſence. Il mourut à Nancy le 23. Mars 1635. âgé de 41. ans. Sa femme nommée Marguerite Paſſinger luy fit élever un Tombeau magnifique.

E delinck sculp. C.P.R.
Robert Nanteuil
Dessinateur et Graveur ord.re du Roy

ROBERT NANTEUIL
DESSINATEUR ET GRAVEUR.

OBERT NANTEUIL nâquit à Rheims en l'année 1630. Son pere Marchand de cette Ville prit, quoyque tres-pauvre, un grand soin de son éducation, & luy fit faire toutes ses estudes. Il eut une si forte inclination à dessiner dés son enfance, & il s'y appliqua si heureusement, que sur la fin de ses deux années de Philosophie, il dessina & grava luy-mesme la These qu'il soustint. Il fit toutes ces choses avec un tel succés, qu'on ne peut s'imaginer l'honneur qu'il en reçust de toute la Ville; mais comme ces talens, quoy que tres-beaux, n'estoient pas d'une grande utilité dans son Pays natal, & que s'estant marié fort jeune, ils ne luy fournissoient pas de quoy soustenir les despenses du ménage, il resolut d'aller chercher une meilleure fortune. Il laissa donc sa femme & vint à Paris, où ne sçachant comment se faire connoistre, il s'avisa de cette invention.

Ayant vû plusieurs jeunes Abbez à la porte d'une Auberge proche de la Sorbonne, il demanda à la Maistresse de cette Auberge si un Ecclesiastique de la ville de Rheims ne logeoit point chez elle, que malheureusement il en avoit oublié le nom, mais qu'elle pourroit bien le reconnoistre par le portrait qu'il en avoit. En disant cela il luy montra un Portrait bien dessiné, & qui avoit tout l'air d'estre fort ressemblant. Les Abbez qui l'avoient écouté, & qui jetterent les yeux sur le Portrait en furent si charmez, qu'ils ne pouvoient se lasser de l'admirer & de le loüer à l'envi l'un de l'autre. Si vous voulez Messieurs, leur dit-il, je vous feray vos Portraits pour peu de chose aussi bien faits & aussi finis que celuy-là. Le prix qu'il demanda estoit si modique qu'ils se firent tous peindre l'un aprés l'autre; & ces Abbez ayant encore amené leurs amis, ils vinrent en si grand nombre qu'il n'y pouvoit suffire. Cela luy fit augmenter le prix qu'il en prenoit; en sorte qu'ayant amassé en peu de temps une somme d'argent considerable dans cette Auberge, il s'en retourna à Rheims trouver sa femme à qui il conta son avanture, & luy montra l'argent qu'il avoit gagné. Ils vendirent aussi-tost ce qu'ils avoient à Rheims, & vinrent s'establir à Paris, où en peu de temps son merite fut connu de tout le monde. Il s'adonna particulierement à faire des Portraits en pastel, & à les graver ensuite pour servir à des Theses; en quoy il réüssit au delà de tous ceux qui s'en estoient meslez jusqu'alors. Il ne manquoit jamais d'attraper la ressemblance; & il se vantoit de s'estre fait pour cela des regles tres-asseurées.

Il fit le Portrait du Roy en pastel, pour lequel Sa Majesté luy fit donner cent louis d'or; ensuite il le grava dans toute sa grandeur, c'est à dire aussi grand que nature; ce qui n'avoit point encore esté tenté avec succés par aucun Graveur. Sa Majesté en fut si satisfaite qu'elle crea pour luy une Charge de Dessinateur & Graveur de son Cabinet, avec des appointemens de mille livres, & luy en fit expedier des Lettres patentes tres-honorables. Jusques-là il avoit esté presque impossible aux plus habiles Graveurs de bien representer, avec le seul blanc du papier & le seul noir de l'encre, toutes les autres couleurs que demande un Portrait lors qu'il est en grand, car lors qu'il est en petit, l'imagination de celuy qui le regarde les supplée aisément; cependant on croit voir dans celuy dont je parle la couleur naturelle du teint, le vermeil des joües, & le rouge des lévres, au lieu que dans les Portraits de cette mesme grandeur que la plufpart des autres ont fait, le teint paroist plombé, les joües livides, & les lévres violettes; en sorte qu'on croit plûtost voir des hommes noyez, que des hommes vivans. Ce Portrait est peut-estre le plus bel Ouvrage de cette espece qui ait jamais esté fait. Il grava ensuite de la mesme maniere le Portrait de la Reine mere, celuy du Cardinal Mazarin qui le retint aussi pour son Dessinateur & Graveur, celuy de Monsieur Duc d'Orleans, de M. de Turenne, & de quelques autres encore qui luy ont acquis une reputation qui ne finira jamais. Voicy de quelle sorte Carlo Dati parle des Ouvrages de Nanteüil dans la Vie de Zeuxis. *Ces paroles d'Apollonius*, dit-il, *m'appellent à contempler avec estonnement l'artifice des Estampes de nos Graveurs modernes, où toutes choses sont si naivement representées ; la qualité des estoffes, la couleur de la carnation, la barbe, les cheveux, & cette poudre legere qui se met dessus ; & ce qui est de plus important l'âge, l'air & la vive ressemblance de la personne, bien qu'on n'y employe autre chose que le noir de l'encre & le blanc du papier, qui ne font pas seulement le clair & l'obscur, mais l'office de toutes les couleurs. Tout cela se voit & s'admire, plus qu'en quelque autre Ouvrage, dans les excellens Portraits de l'illustre Nanteüil.*

Le Grand Duc voulut avoir son Portrait en pastel fait par luy-mesme pour le mettre dans sa Gallerie, où il prenoit plaisir d'assembler les Portraits des Peintres & des Graveurs illustres, particulierement lors qu'ils estoient de leur main propre. Il seroit trop long de rapporter icy tous ses Ouvrages, & comme il est aisé d'en trouver le recueil entier chez les Curieux qui ne sont point contens qu'ils ne les ayent tous ramassez, je me contenteray de dire qu'il est composé de deux cens quarante Estampes & davantage, où presque toutes les personnes les plus qualifiées de l'Estat sont representées de la maniere la plus noble & la plus naturelle. Ce Recueil de Portraits surpasse de beaucoup tous les autres, & par le nombre & par la beauté des Estampes.

Dés que le gain de son travail l'eut mis un peu à son aise, la premiere chose à laquelle il pensa fut de faire venir son Pere, pour le rendre participant du bonheur dont il joüissoit. Le bon homme vint, & tout mal vestu qu'il estoit fut receu en descendant du Coche par son fils, bien mis, & habillé comme un homme fort à son aise, avec toute la tendresse & toutes les marques de joye imaginables; ce qui alla jusqu'à tirer des larmes de ceux qui en furent témoins. Depuis ce moment, son plus grand plaisir fut de donner à son Pere toute la satisfaction qu'il pouvoit desirer; ce qu'il continua jusqu'au jour que Dieu l'enleva d'entre ses bras. Cette pieté ne fut pas seulement recompensée dés ce monde par la satisfaction solide d'avoir comblé de joye celuy dont il tenoit la vie, & par l'estime qu'il en acquit d'un bon & genereux naturel, mais par les graces singulieres que Dieu luy fit sur la fin de ses jours, en luy donnant les sentimens les plus Chrestiens qu'on puisse avoir. Il estoit éloquent naturellement, & vif dans ses expressions, mais lors que Dieu l'eut touché, rien n'estoit plus pathetique que ce qu'il disoit sur l'amour de Dieu, & sur les autres matieres de devotion. Il faisoit aussi des Vers fort agreables, & les recitoit admirablement bien. Il mourut à Paris le 18. Decembre 1678. âgé de quarante-huit ans.

Claude Ballin Orfeure

CLAUDE BALLIN
ORFEVRE.

LAUDE BALLIN Orfévre, né à Paris d'un pere qui estoit aussi Orfévre, a porté la beauté de son Art à un degré de perfection où personne avant luy n'estoit peut-estre jamais arrivé, du moins nous reste-t-il peu de choses & des Anciens & des Modernes qu'on puisse comparer à ses Ouvrages. Il avoit un discernement exquis pour prendre ce qu'il y a de plus beau dans l'Antique, & un genie admirable pour y ajouster de son invention mille graces & mille beautez qu'on n'avoit point encore veuës. Il commença par l'estude du Dessein en copiant chez son pere les beaux Tableaux du Poussin, & en s'exerçant dans des Academies que plusieurs particuliers tenoient alors chez eux : car en ce temps-là l'Academie Royale de Peinture & de Sculpture, & la Manufacture Royale des Gobelins n'estoient pas encore establies. Il travailloit en mesme temps à divers Ouvrages d'Orfevrerie où il se rendit si habile, qu'à l'âge de dix-neuf ans il fit quatre bassins d'argent de soixante marcs chacun, où les quatre âges du monde estoient representez. Comme ces sujets fournissent d'eux-mesmes de tres-belles idées, & qu'il sceut les mettre dans leur plus beau jour, on regarda ces quatre bassins comme quatre chefs-d'œuvres, & ils furent trouvez si beaux que quelque temps aprés on les fit dorer. Le Cardinal de Richelieu les ayant achetez, Ballin fit quatre vases à l'antique du mesme dessein que les bassins pour les accompagner, & rendre l'assortiment complet. Sarrasin excellent Sculpteur de ce temps-là, estonné de la capacité d'un homme aussi jeune que Ballin l'estoit alors, luy fit ciseler plusieurs bas-reliefs d'argent, & entre autres les songes de Pharaon qui sont d'une beauté singuliere.

Il fit d'or émaillé la premiere épée & le premier hausse-cou que le Roy a portez, & le Chef de S. Remy que Sa Majesté donna à l'Eglise de Rheims à la ceremonie de son Sacre. On voit dans plusieurs Eglises de Paris, de mesme qu'à S. Denys & à Pontoise, des Ouvrages de sa main, tous d'une beauté & d'une elegance qui n'auront peut-estre jamais d'égale. Il a fait un miroir d'or de quarante marcs pour la Reine Anne d'Austriche, que le Roy garde encore. Il seroit à souhaiter que tant d'autres Ouvrages qu'il a faits pour le Roy, sous les ordres de Monsieur Colbert Surintendant des Bastimens, fussent encore en nature. Il y avoit des tables d'une sculpture & d'une ciselure si admirables, que la matiere toute d'argent & toute pesante qu'elle estoit, faisoit à peine la dixiéme partie de leur valeur. C'estoient des torcheres ou de grands gueridons de huit à neuf pieds de hauteur, pour porter des flambeaux ou des girandoles, de grands vases pour mettre des Orangers, & de grands brancards pour les porter où on auroit voulu, des cuvettes, des chandeliers, des miroirs, tous Ouvrages dont la magnificence, l'élegance & le bon goust estoient peut-estre une des choses du Royaume qui donnoient une plus juste idée de la grandeur du Prince qui les avoit fait faire. Ils ont esté fondus pour fournir aux dépenses de la guerre. Nous avons perdu par là un des grands ornemens de nostre ſiecle, & un monument éternel de la gloire de la Nation, qu'elle auroit pû opposer & à l'Antiquité la plus ſçavante dans les beaux Arts, & à tous les ſiecles qui l'ont ſuivie; mais le Roy a bien voulu ſacrifier au bien public ces marques de ſa magnificence, & diſpoſer ſes Sujets par un exemple ſi ſingulier à faire de bon cœur la meſme choſe de leurs plus beaux meubles d'argenterie. Heureuſement le ſieur de Launay excellent Orfévre & excellent Deſſinateur, qui marche ſur les traces du ſieur Ballin dont il a épouſé la niece, a deſſiné la pluſpart de ces beaux Ouvrages avant qu'on les fondiſt: & comme on eſpere qu'il les fera graver, ce ſera quelque conſolation aux Curieux ſur une perte ſi grande pour les beaux Arts. Il reſte auſſi quelques petits Ouvrages entre les mains des particuliers, par leſquels on pourra juger de la beauté de ceux qu'on n'a plus. Sa Majeſté luy donna, aprés la mort du ſieur Varin, la direction du Balancier des Medailles & des Jettons, qu'il a exercée juſqu'à ſa mort. Je dois remarquer que celuy dont je fais l'Eloge n'a preſque jamais ſorti de Paris; ce qui montre combien eſt grande l'erreur de ceux qui croyent qu'il n'y a que ceux qui ont paſſé pluſieurs années en Italie qui puiſſent exceller dans les beaux Arts. Il mourut le 22. Janvier 1678. âgé de 63. ans.

TABLE DES HOMMES ILLUSTRES.

TABLE.

FIN.

www.ingramcontent.com/pod-product-compliance
Ingram Content Group UK Ltd.
Pitfield, Milton Keynes, MK11 3LW, UK
UKHW021137260726
13994UKWH00001B/174

9 782329 369877